近現代中華文化思想叢刊

近代中國史學述論

上冊

羅志田　著

目次

反思與展望

下冊

研討的取向

史義的探索

自序

　　史學在中國有悠久的傳統，我們今日實行的仿西式學術分科確立時間卻不算長。不過，在20世紀初年中國「新史學」濫觴之際，章太炎、梁啟超就已提出了類似今日所謂「跨學科研究」的主張。[1]這一取向近年來在中國大陸更得到大力提倡，[2]然而若從社會視角看，史學之下各子學科的畛域又還比較明顯。譬如各大學的中國近代史和中國現代史現在大都「整合」為一科，但從課程的設置、學會的組成到學術研討會的召開，大體仍可見比較明晰的「邊界」。

　　以前從中央到地方的廣播電視一律說著標準的普通話，但各地的廣播電臺通常都有一定時段的方言節目（那時電視臺甚少）；如今媒體講究「煽情」，就連中央臺都出現不少帶有地方口音的主持人，但除民族語言外，各地的方言節目似乎都停歇了，[3]卻出現不少探討

1　章太炎在1902年說，「心理、社會、宗教各論」，皆能「發明天則」，故「於作史尤為要領」。章太炎：《中國通史略例》，《章太炎全集》（3），上海：上海人民出版社，1984年，331頁。關於梁啟超，參見黃進興：《中國近代史學的雙重危機：試論「新史學」的誕生及其所面臨的困境》，《中國文化研究所學報》（香港中文大學），1997年新6期。

2　台灣通常將這一取向表述為「科際整合」，其熱情似已較大陸稍減，發展情形也不甚同，此所論基本只限於大陸的現象。

3　我沒有進行認真調查，據朋友說似乎粵語節目仍存在。粵語那保持自我因而也形成自我保護的「頑強」能力非常值得文化學者研究，前些年香港一般大學中，據說國語和英語都不甚通行，不會粵語的教師固然仍可教書，但與學生的溝通總有些問題；國語暫不論，這可是被英國據為殖民地一百多年的地方，在大學這樣的社區裏英語的勢力範圍尚如此有限，則其「殖民化」的成效大可思考。在美國，唐人街裏

「地方特色」的話題和方言電視劇。類似的詭論現象史學也有：當政治史幾乎成為史學的「普通話」時，各專門史在保全各自的「方言」層面多少帶點「草間苟活」的意味；今日政治史雄風不再，即使研究政治的也往往摻和著一些專門史的「方言」風味，然而各專門史的區分卻較前更受關注，有的還存在著關於「什麼是某某史」這類論題的持續探討，其實就是一種希望進一步劃出或劃清學科「邊界」的努力。

這方面比較明顯的是社會史，近年處於上升地位的各專門史中，社會史應屬比較成功的一科，而其畫地為牢的正名意識也相對更強。歷年社會史學術研討會的綜述中常見試圖為「社會史」正名的論文，一種比較有代表性的看法是只有運用社會學的理論和方法才可以算得上「社會史」，否則便只能算以社會為研究對象的普通史學。[4]其實即使是後者，也漸已形成某種大致眾皆認可的認知，即應該以社群（通常隱約帶有大眾化的或反精英的意味）和特定範圍的「社會現象」為研究對象，儘管近年「禮俗」和「生活」這類過去社會史的常規論題已漸溢出而有「獨立」的勢頭了。

反之，思想史這一近年也處於上升地位的專門史，[5]則表現出相對寬廣的包容傾向，其一個特點是許多人往往將思想與文化連起來表述為「思想文化史」；惟就一般意義言，「文化」似較「思想」寬泛許

迄今仍有更會說粵語而不太會說英語之人。在英語裏唐人街即China town，美國民間日常口語中能說Chinese是指說粵語而不是說國語或普通話，後者不過是Mandarin而已。這一自然形成的「以偏概全」現象同樣揭示出粵語那超強的自我保持能力。

4　各種相關看法可參見，常建華：《中國社會史研究十年》，《歷史研究》1997年1期；周積明、宋德金主編：《中國社會史論》，武漢：湖北教育出版社，2000年，3-218頁。

5　這是一個很值得探索的現象，因為思想史在西方已呈明顯的衰落趨勢，海峽對岸也開始出現類似的走向；而近年較多致力於「與國際接軌」的大陸學界，卻表現出與西方相異的發展傾向。

多，[6]前些年西方所謂「新文化史」更與通常所說的思想史大不相同。[7]另外，為思想史劃分界限的正名式論述迄今少見，即使像葛兆光先生這樣「專業意識」較強的通人（他本人的研究範圍卻遠不止思想史），也多在思考「思想史的寫法」及「什麼可以作為思想史的史料」一類問題，其基本立意是希望思想史更開放而非更封閉。

我自己也蒙一些同人抬愛，常被歸入「思想文化史」的範圍。較廣義的社會史論文我曾寫過一兩篇，那些文字卻常常不被認為是「純正」的社會史。尤其是我曾試圖學習從社會視角探索思想史的取向，[8]便有不少懷疑的反應；我的學生也曾就此提出疑問，因為他們感覺並未在拙文中看到多少「社會」。這裏的主要原因當然是我的表述有問題，未能清楚說明我所指謂和嘗試的主要是一種視角的轉換；同時也可見「社會史」學界近年釐清其學術畛域這一努力的成功，讀者對「社會史」已具有某種預設性的期待，未見其所預期的內容或未聞某種特定「方言」便易感失望。

6　如文化部所管轄的「文化」種類，恐怕就要比較趨新的「思想史」研究者才會矚目，即使是博物館和圖書館一類與「學術」關聯密切者也不例外。

7　關於西方的「新文化史」，可參閱Lynn Hunt, ed., *The New Cultural History*, Berkeley and Los Angeles: University of California Press, 1989; Peter Burke, ed., *New Perspectives on Historical Writing*, Pennsylvania State University Press, 1992. 儘管後者的範圍不止於「新文化史」，其中不少內容實際構成對前者的補充。

8　關於從社會視角考察思想學術的治史取向，蒙文通先生早有示範，參見羅志田：《事不孤起，必有其鄰：蒙文通先生與思想史的社會視角》，《四川大學學報》2005年4期。進一步的學理探討，可參見Robert Darnton, "The Social History of Ideas," in idem, *The Kiss of Lamourette: Reflections in Cultural History*, New York: Norton, 1990, pp. 219-52; Fritz K. Ringer, "The Intellectual Field, Intellectual History and the Sociology of Knowledge," *Theory and Society*, vol. 19(1990), pp. 269-94. 柏克（Peter Burke）近年關於16-18世紀「知識」的「社會史」頗可參考（*A Social History of Knowledge*, Polity Press, 2000, 此書已有中譯本：《知識社會史》，賈士蘅譯，臺北：麥田出版社，2003年），儘管其討論的「知識」不全是我們思想史通常處理的「思想」，倒有些接近梁啟超和錢穆那兩本《近三百年學術史》所說的「學術」。

　　前面討論「思想」和「文化」涵蓋的範圍時已牽涉到一個更基本的問題，即專門史的劃分是否當依據其研究對象而定。上文所說學界關於如何界定社會史的爭論，也多少與此相關。這樣的問題其實很難說得清楚，更難獲得共識。史學各子學科已存在相當一段時期，自有其功用甚或一定程度的「合理性」；但也當注意，這些「邊界」多是人為造成並被人為強化的。根本是史學本身和治史取徑都應趨向多元，雖不必以立異為高，不越雷池不以為功；似也不必畫地為牢，株守各專門史的藩籬。[9]

　　邊界明晰的學族認同原本不是治史的先決條件，我倒傾向於相對寬泛的從各種方向或角度看問題，而不必管它是否屬於某種專門史——思想問題可以從社會視角看（即所謂 social-oriented approach），外交問題可以從文化視角看（cultural-oriented approach），可以說沒有什麼問題必須固定從一個方向看。《淮南子‧氾論訓》說：「東面而望，不見西牆；南面而視，不睹北方；惟無所向者，則無所不通。」此語最能揭示思路和視角「定於一」的弊端，也最能喻解開放視野可能帶來的收穫。

　　「無所不通」的高遠境界或不適應今日急功近利的世風，[10]且既存知識的範圍也太廣泛，非「生而知之」者大概只能有所專而後可言精。若不計「治學精神」而僅就「治史方法」言，治史者固不妨有其專攻，倘能不忘還有其它看問題的視角可以選擇，境界亦自不同。尤

9　格拉夫敦（Anthony Grafton）前幾年關於「注腳」的專書（*The Footnote: A Curious History*, Cambridge, Mass.: Harvard University Press, 1997）視野頗開闊，按我們所謂專門史的劃分便很難「歸類」，卻是一本得到廣泛認可的佳作。

10　如今學問的程度當下就要證明給人看，以學術為「職業」者都必須面對特定時間之內的升等問題，要向年輕人提倡厚積薄發的高遠取向，真是難以啟齒，恐怕也只有如陳寅恪所說的「隨順世緣」而已。

其要避免劉勰所謂「會己則嗟諷，異我則沮棄」（《文心雕龍‧知音》）之見，切勿因學科的劃分限制了對史料的採用。

不論是側重原典深入體味還是開放視野廣尋他證，關鍵要看是否在有據的基礎上立言、有無自己的研究心得。說到底，今日能見的史料都不過是往昔思想脈絡的片段遺存，在此意義上厚重的文本和隻言片語基本同質。據說老子曾對孔子說，「子所言者，其人與骨皆已朽矣，獨其言在耳」。[11] 治史者在深究前人遺「言」之時，倘能儘量再現立言者之「人與骨」及其周圍環境，則其理解必更進一層。[12]

※※※

本書可以說是《近代中國史學十論》的增訂本，由於「十論」是遵循叢書的命名，現單獨刊印，且文字已發展到二十篇，故更名曰「述論」。全書文字由三部分組成，原《近代中國史學十論》刪去4篇（含附錄2篇），另有5篇來自《20世紀的中國思想與學術掠影》，並新增8篇近年撰寫的與近代中國史學相關的文章。

全書分為四部分，第一部分「史學的履跡」基本是論述性的文字，接近於通常所說的史學學術史，惟更注重史學研究的發展趨向，特別是學術典範、研究取向、發展趨勢等面相。其餘三個部分多是讀

---

11 司馬遷：《史記‧老子韓非列傳》，北京：中華書局標點本，1959年，第7冊，2149頁。按這裏的「言」不必非為文字不可，任何人造物體皆能反映也實際反映了製造者的思想，亦皆其言也。《莊子》中有一段類似的描述，意更幽遠，當另文剖析。

12 蒙文通論唐代古文運動之興說，「事不孤起，必有其鄰」，同一時代之事，必有其「一貫而不可分離者」；故「有天寶、大曆以來之新經學、新史學、新哲學，而後有此新文學（古文）」。參其《經史抉原‧評〈學史散篇〉》，403頁。錢鍾書也認為，「言不孤立，托境方生；道不虛明，有為而發。先聖後聖，作者述者，言外有人，人外有世」（《談藝錄》，266頁）。大致皆發揮孟子論世以知人的主張，提倡開放視野，以超越於就思想看思想的慣性思路。

書心得，第二部分更多是對學術現狀的反思，以及對史學發展可能走向的展望。第三部分則從具體的個案探討近代史研究中一些有代表性的傾向，並藉以思考怎樣從宏觀的基本層面和特定面相（如史料解讀和史學表述）推進我們的研究。第四部分偏於探索史義，一些篇目或與坊間所謂「史學方法」稍近，然亦不盡同；餘則多從外在和內在的不同視角觀察和思索史學的基本義旨。

本書最早的文字刊發於1996年，而最晚的則到2013年，不少論題本相關聯，論述亦不免有重疊。在這次修訂編輯的過程中，盡可能刪略了重複的內容，並對其中的一些文字有所改動，包括將一些段落從一文移到另一文。因此，個別文章的篇名也作了更動。

由於職業的原因，最常被學生問及的就是「史學方法」。我其實贊同「史無定法」的主張，本不認為有多少可以概括抽象出來的「方法」。[13]然為了不致誤人子弟，亦不得不對此時有所思。偶有所述，總夾雜著「逼上梁山」之感，蓋這類問題很難說思考到勉強「成熟」的程度。自忖才學識俱不足以語此，只能稍引前賢之言以壯聲勢，並無什麼特別「獨到」的見解。不過是經驗教訓之談，以一個在這條路上先行一段者的資格，對那些已將史學確立為專業的在校學生略獻芻蕘，希望後來者或不致重蹈覆轍，盡可能少走彎路。

---

13 不過，對初學治史者而言，有一本非常實用的參考書，那就是嚴耕望的《治史三書》（瀋陽：遼寧教育出版社，1998年），特別是其中的《治史經驗談》。嚴先生文如其人，甚少「驚人之語」，亦不弄玄虛，所論處處針對學子所需，實而具體。我對自己的學生就首先推薦此書。且此書篇幅不甚大，尤宜備於手邊，不時溫習揣摩。不僅初學者，以我個人的經驗，已任教授者也不妨多看看，必有所獲。然此書出版已數年，從刊物上的史學論文和各校的學位論文看，似乎許多人並未受其影響。不知是否因今人喜好虛懸空論，故不欲讀此類書？或者今日國人母語水準大遜往昔，以嚴先生這樣平實的文風，竟然也讀而無多收穫？若是後者，不妨「學而時習之」，漸漸讀出「感覺」，即有所得了。

　　這一願望能否實現，我自己仍尚存疑。其中一些文字，本是上課
過程中從學生的問難中得到啟發，但不知是否真能針對他們的需要，
很希望得到年輕學人的批評。若本書後面的議論幸能引起方家的不
滿，進而「願把金針度與人」，為青年學子寫出真正有助於治史的方
法論，那就是本書額外的收穫了。

　　　　　　　　　　　　　　　2013年12月26日於旅京寓所

引言

西學衝擊下近代中國學術分科的演變[*]

　　張光直先生前些年在關注「西方社會科學的局限性和中國歷史（以及其它非西方史）在社會科學上的偉大前途」這一問題時提出，由於既存「社會科學上所謂原理原則，都是從西方文明史的發展規律裏面歸納出來的」，如果不經過「在廣大的非西方世界的歷史中考驗」，特別是「擁有極其豐富史料的中國史」的考驗，就不能說具有「世界的通用性」。[1]不過，相當多近代中國學人與張先生的取向恰相反，以西方觀念為世界、為人類之準則並努力同化於這些準則之下是他們普遍持有的願望，並為此而做出了持續的努力。

　　20世紀中國學術明顯受到西潮的影響，以西學分科為基準強調學術的專科化大約是20世紀中國學術與前不同的主要特徵之一。應該說明的是，西學本身也是發展的，且西方在近代以前似也不那麼注重分科，今日尚遺存的早期學問如「經學」（Classical Studies），便頗類20世紀前期中國所謂「國學」，實為一種以文字為基礎的綜合性學問，

---

[*] 本文在第五屆「中華文明的二十一世紀新意義・中華文化與域外文化的互動」學術研討會（泉州，2002年10月19-21日）上陳述時，先後承李明輝、黃俊傑、李弘祺、張西平先生指教，謹此致謝！

[1] 張光直：《連續與破裂：一個文明起源新說的草稿》，收入其《中國青銅時代》，第二集，臺北：聯經出版公司，1990年，131-143頁；另見徐蘋方、張光直：《中國文明的形成及其在世界文明史上的地位》，《燕京學報》新6期（1999年5月），8-16頁。

而今已衰落的歐洲「漢學」也正有西洋經學的特色。[2]直到今日，這類西方「舊學」以及在此基礎上產生出的「區域研究」這類新學也還半獨立於「常規」的學術分類之外，通常的專業或學科排名之中便不包括此類學科。

梁啟超在1902年說：「今日泰西通行諸學科中，為中國所固有者，惟史學。」[3]這已暗示出中西學術分科銜接的困境。特別是在西學分類被尊崇為唯一「正確」或「正當」的體系後，只能是中學適應西學，也就只能是所謂在傳統之外改變（change beyond the tradition），這更增添了中學分類的困難。且怎樣處理既存學術與新確立的學術分類體系的關係，直接牽涉到什麼學科才具有正當性的敏感問題，不僅偏於守舊者無法迴避，趨新一方尤其關注。

相關的思考在20世紀的中國是持續的：早在20世紀20年代，「國學」的學科定位或學術認同即成為一個受到廣泛關注而充滿歧異並使人困惑的問題。到20、21世紀之交，不少學者又對「漢學」的學術認同或學科定位產生了爭議。兩次關於國學與漢學的跨世紀爭論直接與西方學科分類在近代中國教育體系中的逐步確立以及中國學界的調整與因應相關——不少學人在因應時發現，由於文化和學術傳統的歧異，有些既存的研究對象或治學取向似不那麼容易轉換並融入新的分科體系之中。本文簡單回顧近代中國學術分科的演變，希望有助於我們瞭解上述論爭的學科背景。

---

2 季羨林先生在討論什麼叫「文史」時說，「它同我們常講的『國學』，外國學者所稱的『漢學』或『中國學』幾乎是同義詞」（季羨林：《文史天地廣闊無邊——代發刊詞》，《中華讀書報》1998年1月21日文史天地版），便是於此深有心得的見解。

3 梁啟超：《新史學》，《飲冰室合集・文集之九》，北京：中華書局，1989年影印，1頁。

一　圖書分類與教學分科

　　中國先秦時代學在官守，學問趨於致用。既為用而學，自重專門，故有「學了無用，不如不學」的主張，所謂商人不必知書、士人不必習武（此大體言之），就是這個意思。也可以說，在實用層面，「古代之學，均分科而治」。春秋是個過渡時代，孔子的學生已是六藝皆學，然尚各有所專，故有孔門四科之說。從戰國起，學問開始向今日所謂求知識求真理的方向發展，[4]且逐漸形成重廣博而尊通識的學風，「博學」長期成為以學術名世（即讀書不僅為做官）的士人長期追求的境界，更產生出「一事不知，儒者之恥」的觀念。

　　此後兩千年，中國學問的主流是反對將學術分而治之（雖然也不時有主張分治者，但皆未得到普遍認可）。錢穆曾說：「中國古人並不曾把文學、史學、宗教、哲學各別分類獨立起來，無〔冊〕寧是看重其相互關係，及其可相通合一處。因此中國人看學問，常認為其是一整體，多主張會通各方面而作為一種綜合性的研究。」[5]在這樣一種世風學風之下，讀書人對各種學問多兼而治之，但以經學（及其在各時代的變體）為主，[6]離此而專治他「學」的，歷來少見，惟宋代或稍例外，曾出現治史學者與治理學者爭勝的情形，即所謂「評世變者

4　參見譚嗣同：《報貝元徵》（1895），《譚嗣同全集》，蔡尚思、方行編，北京：中華書局，1981年，217頁；章太炎：《留學的目的和方法》、《常識與教育》、《論諸子的大概》，均收入《章太炎的白話文》，陳平原選編，貴州：貴州教育出版社，2001年，54、72-79、100-101頁。

5　錢穆：《中國學術通義・四部概論》，收在羅聯添編：《國學論文選》，臺北：學生書局，1985年，4頁。

6　這裏為討論方便，仍以後人慣用的「經學」這一稱謂。其實即使在最寬泛的意義上言，「經學」作為一種學科的確立也較晚；秦漢所設博士，便不盡以內容分類，而是注重「家法」。

指經術為迂，談性命者詆史學為陋」也。[7]

總體言之，古人治學既然不提倡「分科」，也就很難產生將學術「分類」的社會要求。近百年來中國學者對學術分類日見注重，主要受到重視分科的近代西學的影響。今日賽先生意義上的「科學」，早年多譯作「格致（學）」，那時人們說「科學」多指「分科之學」及「分科治學」之意。這樣的「科學」當然也具有新意而屬於新學，卻與後來和賽先生劃等號的「科學」有相當距離。[8]自近代西方分科概念傳入並逐漸確立正統地位後，中國人對自身學術分科的認知也發生了很大的變化。

當然，近三百年中國學術發展的內在理路也曾出現治學趨於專門的傾向，傅斯年注意到：「中國學問向以造成人品為目的，不分科的；清代經學及史學正在有個專門的趨勢時，桐城派遂用其村學究之腦袋叫道，『義理、詞章、考據缺一不可』！學術既不專門，自不能發達。」[9]這就是說，桐城派興起之前清代經學和史學已出現專門的

7　引文見《玉海》卷49，轉引自蔡崇榜：《宋代修史制度研究》，臺北：文津出版社，1991年，198-199頁。關於宋代史家的獨立學科意識，參見蔡著118、192頁。按宋代的經學史學之爭與當時政爭有密切關聯，故史學的獨立意識部分也受政治影響。說詳蒙文通：《經史抉原・中國史學史》（《蒙文通文集》第3卷），成都：巴蜀書社，1995年，317-318頁。

8　參見樊洪業：《從「格致」到「科學」》，《自然辯證法通訊》1988年3期；汪暉：《科學的觀念與中國的現代認同》，收《汪暉自選集》，桂林：廣西師範大學出版社，1997年，221-225頁；羅志田：《走向國學與史學的「賽先生」——五四前後中國人心目中的「科學」一例》，《近代史研究》2000年3期。

9　傅斯年：《改革高等教育中幾個問題》，《傅斯年全集》，臺北：聯經出版公司，1980年，第6冊，22頁。有意思的是，傅斯年的同學顧頡剛在1923年卻認為，「中國的社會和學術界看各種行業、各種學問、甚而至於各種書籍，差不多都是孤立的，可以不相謀，所以不能互相輔助以求進步」（顧頡剛：《鄭樵傳》，《國學季刊》，1卷2號，1923年4月，315頁）。兩人的看法適相對立，中國學問既不「專門」而又「孤立」，且都造成不「發達」或不「進步」，兩方面或皆可舉出一些例子，到底還是有

趨勢了。但學術應該分科以成「科學」的概念，大致還是近代西潮東漸以後的事了。

西潮的衝擊支持了中國學界內在的專門傾向，晚清時便有像薛福成這樣的讀書人主張建立專精的學問。[10]章太炎在20世紀初年更特別看重當時分科意識的增強，他說，「近來分科越多，理解也越明」，學人乃逐漸樹立為自己求知識的心，「曉得學問的真際，不專為致用」。[11]而前引傅斯年對桐城派的批評，已是後來分科意識進一步強化之後的觀念，其實桐城派在強調「缺一不可」的同時，先已承認有義理、詞章、考據三類學問的存在，到底還是某種分科意識的表現。

晚近學人先有了來自西方的學術分類觀念，然後迴向中國傳統尋找分類體系，結果很容易就重新「發現」了所謂四部分類，「四部之學」成為中外不少學者的口頭禪（過去也常見用「乙部」代「史學」的，但多為非學術的隨意表述；偶有稍正式者，也未必真這麼想）。[12]其實中國學問本不提倡分而治之的取向，說四部分類是古人的學術分類本身就有些違背古人的學術觀念，何況經、史、子、集這一圖書文獻的四部分類流行也不過一千多年而已。只是由於論及古代學術流派的載籍不多，一些學者或因長期從記載書籍源流的文獻梳理學術流派，無意中形成了書籍與學術流派等同的習慣見解。[13]

點矛盾。其實他們可能都是以西學為座標在進行對照，「專門」要像西學那樣分科，相通也要像西學那樣有「系統」。

10 參見王汎森：《民國的新史學及其批評者》，收入羅志田主編：《20世紀的中國：學術與社會（史學卷）》，濟南：山東人民出版社，2001年，74頁。

11 章太炎：《留學的目的和方法》，《章太炎的白話文》，54頁。

12 如旅美學者汪榮祖就說：「中國的舊學問，大致可分經、史、子、集四門」。參見其《陳寅恪評傳》，南昌：百花洲文藝出版社，1992年，40頁。

13 本段與下段，參見黃晏妤：《四部分類是圖書分類而非學術分類》，《四川大學學報》2000年2期；《四部分類與近代中國學術分科》，《社會科學研究》2000年2期。

　　到近代西方學術分科的觀念傳入，慣從四部論學的學者便產生四部分類就是學術分類的觀念。實際上，古今圖書分類雖然都與學術分類密切相關，但兩者間畢竟有不小的區別。近百年間一些學者將圖書分類看作學術分類，或即只看見兩者的相關而忽視了兩者間的明顯區別。今日的圖書分類基本以學科為依據，但中國古代圖書分類常常並非以學術為準繩，或以書之多少為類、或以書之形式大小為類、或以書之體裁為類。如四部之一的集部，就是典型的按體裁分類。故主張「學貴專門」的章學誠認為文集這一體裁的出現就是由於「師失其傳」而使「學無專門」。[14]

　　在中國文化體系之中，更易為昔人接受的學術分類，或者不如從古人論學而不是藏書的言說中去尋找。例如乾嘉時人提出的義理、考據、辭章（或詞字稍異而意思相類者）這樣的區分，就比四部分類更接近昔人學術分類的觀念，也為「漢學」派之戴震和桐城文派之姚鼐不約而同地言及（雖然他們的本意是三者可分也不可分），並一直為許多學人所重複，[15]後曾國藩又根據時代的需要加上偏於應用的「經世」一類，[16]成為一些士人的思想資源。[17]

---

14 章學誠：《和州志‧藝文書敘例》，倉修良編《文史通義新編》，上海：上海古籍出版社，1993年，771-773頁。乾嘉時頗受冷遇的章學誠在近代得到不少學者的青睞，或也因「學貴專門」這一主張與西方將學術分而治之的觀念看來有相通之處。

15 按當時焦循尤其關注「考據」是否可算作一「學」，參見羅志田：《清季民初經學的邊緣化與史學的走向中心》，收入其《權勢轉移：近代中國的思想、社會與學術》，武漢：湖北人民出版社，1999年，307-308頁。熊十力提出，孔門本有德行、政事、言語、文學四科之說，惟「考據不別立科，蓋諸科學者，無一不治六藝，即無一不有考據工夫故耳。後世別有考據之科，於是言考據者，乃有不達義理及昧於經濟、短於辭章之弊」（熊十力：《答鄧子琴》，《十力語要》卷二，北京：中華書局，1996年，213-214頁）。按熊氏此說通達，則「考據」即後之所謂「方法學」也。

16 曾國藩這一補充儘管更多是出於時代的需要，但從儒學言也是非常重要的。蓋義理、辭章、考據三學並不能銜接先秦孔門四科中的政事和言語（那時主要體現在今人所謂外交上），甚少顧及「澄清天下」這一傳統重任，反倒接近於今日的「學

　　中國學界在學術分科上對西學衝擊的早期回應恐怕更多體現在清末辦理各類新學中的學科分類，各類新學章程及課程表才是瞭解近代中國學術分科的一個重要參考系。從戊戌維新前開始的整頓書院（其重要內容便是「定課程」）到1903年的《奏定學堂章程》，各級政府和書院、學堂關於中國學術的分科先後有經學、史學、掌故學（略近於今日的現代史或當代史）、輿地（地理）學、諸子學、理學、時務、治法學（政治學）、詞章學、文學、格致諸學、算學等。[18]

　　這一過程中比較值得注意的一是1898年總理衙門會同禮部奏設經濟常科，正式把內政、外交、理財、經武、格物、考工並於科舉考試

術」概念。可知這一分法深受清代漢學風氣影響，還真有些學術獨立的意味。前引傅斯年所說的清代經學及史學的專門趨勢，或即以新學術觀念反看歷史。由此視角看，他所攻擊的桐城派姚鼐雖文宗唐宋八大家，明顯偏於宋學，亦可謂漢學家也。這一背離傳統的治學取向由後期桐城派曾國藩來補充，加上「經世」一門後學問更接近早期儒家本義，也算是桐城派一段佳話。的確，當年士人所學若皆在義理、辭章、考據方面，為官時自難以之退虜送窮；「經世」之學的重新回歸本受西潮衝擊的影響，那時也確實更多涉及洋務或夷務，早期的具體設學更落實在「方言」之上，都提示著孔門四科中的政事和言語實不能少，則通常認為最理解經之本義的乾嘉漢學確有背離傳統之處，宜其為宋學家所攻擊。進而言之，西學取向既然與中國古代傳統相近，晚清那些說西學源於中學者似也更容易理解些了。

17 熊十力後來說：「中國舊學家向有四科之目，曰義理、考據、經濟、辭章。此四者，蓋依學人治學之態度不同與因對象不同，而異其方法之故。故別以四科，非謂類別學術可以此四者為典要也」（熊十力：《答鄧子琴》，《十力語要》，211頁）。他不同意以此四科來類別學術是基於治學不分科的傳統，但卻注意到這已是「舊學家」的常規認知。

18 後兩者也曾並稱格算學，實際是愈來愈以固有名詞指謂西學，也可以不計入中學。這其間比較接近四部的表述大概是1903年的《奏定學堂章程‧學務綱要》在強調學堂並非專講西學時，特別指出中學向有之「經學、史學、理學及詞章之學，並不偏廢」。見《新定學務綱要》，《東方雜誌》第1年第4期（光緒三十年四月二十五日），91頁（教育欄頁）。但「理學」與「子學」顯然不能等同，因為它們同時並列在當時的《京師大學堂章程》和《欽定學堂章程》等章程之中，而詞章之學和「集學」也有相當的距離。

的正科之中，應能提示當時人對學術分科的一種看法；二是《奏定學堂章程》仿照日本模式主張辦理分科大學，共分經、文、政法、醫、格致、農、工、商八科，每科之下設學門（此前在實際教學中一向得到提倡的史學未能專立一科，而是成為文科之下的一個學門）。除設經科大學作為「中學為體」的象徵外，這已基本是摹仿，沒有多少傳統的影子。進入民國後「經學」不立，格致學改稱理學，大致即是後來辦大學的模式。[19]

　　與此同時，晚清民間或半民間的書院等也在嘗試怎樣對學術分科。經曾國藩補充而成的義理、考據、辭章、經世四種分類便被一些士人採用，康有為自述其在長興學舍教學內容，所設「學目」正是義理、經世、考據、辭章四種。[20]梁啟超後來的回憶則為義理、考據、經世、文字四「學科」，次序和名目略有更易。其中義理之學包括孔學、佛學、周秦諸子學、宋明學、泰西哲學；考據之學包括中國經學史學、萬國史學、地理學、數學、格致學；經世之學包括政治原理學、中國政治沿革得失、萬國政治得失、政治實應用學、群學；而文字之學則有中國辭章學、外國語言文字學等。[21]具體細目暫不論，康、梁共同的這一大科目的劃分提示了民間一些學者確實如此思考學術分科。

---

19 參見劉龍心：《學科體制與近代中國史學的建立》，收入羅志田主編：《20世紀的中國：學術與社會（史學卷）》，450-477頁。應該指出，劉教授是主張「四部之學」為學術分類的。

20 康有為：《長興學記》，姜義華、吳根樑編校：《康有為全集》（1），上海：上海古籍出版社，1987年，555-556頁。

21 梁啟超：《南海康先生傳》，《飲冰室合集・文集之六》，65頁。這裏的部分細目恐為梁的事後創造，或至少有修改，蓋康有為在《長興學記》中所述基本不涉西學，尤其「泰西哲學」恐非19世紀90年代初期國人之用語，遑論以之為教學科目也；然其大科目的劃分與康有為略同，可知該學舍當年確如此分科。

二 區分「學理」和「致用」的嘗試

實際上，在試圖銜接西學時怎樣使用中學術語表述新概念也曾困擾著近代學人。朱維錚先生曾將古代中國關於「學」與「術」的區別概括為「學貴探索，術重實用」，後來或因「術」漸同於君王南面之術而曾引起乾嘉學者試圖區分「學」與「政」的努力。[22]他所指出的「術」與「政」的淵源的確重要，這一關聯曾引起晚清士人的注意，而「政」在當時也真一度繼承了「術重實用」的特點。梁啟超在其1896年著的《西學書目表序例》裏便將西學分為「學」、「政」、「教」三大類，「教」暫不計，今日屬於「理科」的各學科多歸入「學」，而「政」則不僅有史志、官制、學制、法律等，還包括農政、礦政、工政、商政、兵政、船政等「實用」科目。[23]

這裏的船政、礦政等，更多是指今日所說的「科技」之「技」，大體傳承了「術」的早期含義。然而，「政」的這種跨越今日所謂文科和工科的包容性顯然與後來逐漸為中國人接受的西學分類不甚相合，故此後「工科」的那一部分漸被「藝學」取代，在張之洞的《勸學篇》裏，「西學」便有「西政」和「西藝」的明確區分，後來「西政」逐漸落實在西方制度之上，但仍不時包括今日涉及「管理」一類的學科，與再後確立的「政治學」一科尚有較大區別；進入20世紀，鄧實在光緒二十八年（約1902年）辦《政藝通報》時，與「藝學」並立的「政學」才基本接近今日所謂政治學，即時人口中的「政論」或「政法」。

不過，如果不預設某種分類體系自然正確的觀念，試圖用「政」

---

22 朱維錚：《求索真文明——晚清學術史論》，上海：上海古籍出版社，1996年，3-4頁。
23 梁啟超：《西學書目表序例》，《飲冰室合集‧文集之一》，123頁。

來涵蓋《奏定學堂章程》中相對偏於實用的政法科和農、工科，實有
所見，蓋若可以區分人與自然的話，當年和今日所謂「理科」，皆關
於自然的學問；而農、礦、工、商、兵、船等實用之「政」，則皆人
類運用有關自然的知識於社會，在這一意義上，它們的確可說是「社
會科學」，與法政一類今日所謂「社會科學」在學理上是相通的。而
且，這些重應用的學科在整體思路上確較接近，而與偏重學理的文、
理科頗不相同。[24]

　　梁啟超的書籍分類對稍後的學科分類有直接的影響，蔡元培在
1901年撰《學堂教科論》，參照日人井上甫水的方式，分為有形理
學、無形理學和道學三大類，與梁啟超所分的「學」、「政」、「教」三
大類頗相近。其中「有形理學」大致即今日的理科，而「無形理學」
最主要的部分是「群學」（一級學科），下設「政事學」（二級學科），

---

24 蔡元培或早就認識到這一點，所以在1917年入主北京大學時即主張「大學」應發展
　著重基礎理論的文、理科，其餘偏重應用者均應析出與各專科大學合併。當然，梁
　啟超已指出，「凡一切政皆出於學，則政與學不能分」，綜合大學包括應用學科也是
　較常見的通例。但蔡元培主張區分學與術，他認為文、理是「學」，法、商、醫、
　工則為「術」；而學理和教學是有區別的，「學與術雖關係至為密切，而習之者旨趣
　不同」。近代中國人本已「重術而輕學」，再加上「科舉之毒太深，陞官發財之興味
　本易傳染」，北京大學此前兼設文、理、法、工、商各科的結果是本應致力於研究
　高深學問的「文、理諸生亦漸漬於法、商各科之陋習」，而造成全校風氣的轉變
　（《讀周春岳君〈大學改制之商榷〉》，《蔡元培全集》，第3卷，高平叔編，北京：中
　華書局，1984年，149-150頁）。這一從實際觀察中得出的理念的確值得思考，今日
　大陸各綜合大學都明顯可見學風和教育思路上「術」壓倒「學」的傾向，部分即因
　這兩大學科類別的基本思路原有較大差異，一遇急功近利的世風吹拂，其衝突對立
　的一面便得到凸顯，而形成一方壓倒另一方的局面。根據上面的思路，蔡元培正式
　提出以「學、術分校」的主張，即「大學專設文、理二科，其法、醫、農、工、商
　五科，別為獨立之大學」。其最主要的理由即「文、理二科，專屬學理；其它各
　科，偏重致用」（《大學改制之事實及理由》，《蔡元培全集》，第3卷，130-131頁）。
　且蔡氏的見解也並非獨創，近年連續排名美國第一的普林斯頓大學便無商學院、法
　學院、醫學院的設置，相當接近蔡元培的觀念。

即不僅包括「政學」和「法學」，也包括「計學」（由財政學、農政
學、工政學、商政學組成）和「兵學」，也大致接近梁啟超的「政
學」一類。[25]不過，蔡元培並未提到梁啟超，他自認其主要借鑑的是
日本人的觀念。

康、梁再加上嚴復和蔡元培即是清末討論學術分類最有影響者，
浙江學者宋恕在1902年末為裏安演說會擬章程，便主要依據此四人的
著譯，並參考他所瞭解的日本學術分科情形而斟酌定出以哲學和社會
學（即康、嚴、梁、蔡等所稱「群學」）為總科、以樂學、禮學、時
史學、方史學、原語學等三十種為別科的分類體系。值得注意的是宋
恕對中國固有學術的處理，他不同意日本大學將漢代以前的經、子納
入哲學，以為「漢前經、子中雖有可入哲學之篇章句，而宜入科學
〔按指分科之學〕者殆居十之六七」。他對經學的處理方式是：「十三
經」中的《易》、《詩》入總科之社會學，《書》、《春秋》經傳入別科
之時史學，《孝經》入別科之倫理學，《語》、《孟》入別科之倫理、政
治、教育諸學，「三禮」入別科之禮學，《爾雅》入別科之原語學（按
《說文》也入此學）。[26]

---

25 蔡元培：《學堂教科論》，《蔡元培全集》，第1卷，142-149頁。這一學科觀念大概即
是蔡元培1917年為北大提出「大學改制」的思想基礎，蔡氏明言：「治學者可謂之
『大學』，治術者可謂之『高等專門學校』，兩者有性質之差別」（《讀周春岳君〈大
學改制之商榷〉》，《蔡元培全集》，第3卷，150頁）。專門學校的培養目標是讓生徒
「學成任事」，而「大學則不然，大學者，研究高深學問者也」；故他提出的入大學
者「須抱定宗旨，為求學而來」一語，是特別針對「學成任事」而言的（《就任北
京大學校長之演說詞》，《蔡元培全集》，第3卷，5頁）。

26 宋恕：《代擬裏安演說會章程》（1902年12月），胡珠生編：《宋恕集》，北京：中華
書局，1993年，上冊，350-355頁。宋恕的分類頗有特色，且有些思考現在仍為學者
關注而迄今未能獲得充分的共識。如他認為傳統的輿地學乃史之半體，不可單獨命
名，故名為「方史學」，而通常意義的史學則名為時史學；後者也僅是史學的一部
分，「全體」的史學還要從哲學角度去理解。今日歷史地理學者還一直在爭論其學
究竟是否屬於史學，許多史家也往往忘掉時間概念是史學的關鍵要素，總思從歷史

　　儘管有傳教士和江南製造局等譯書的影響，晚清西學更多仍是通過日本影響中國。康有為曾形象地論證了借鑑日本以學西方的取徑，他說，「泰西諸學之書，其精者日人已略譯之矣。吾因其成功而用之，是吾以泰西為牛，日本為農夫，而吾坐而食之」。[27]康氏在其《日本書目志》論及具體門類時，一則曰泰西如何、「日本法之」；再則曰泰西如何、「日人傚之」；則就被仿傚者本身而言，影響中國的或者也可說是「日本學」。王闓運在光緒二十九年（約1903）就認為時人所習「名為西學，實倭學也」。葛兆光先生以為「這話應當反過來說，當時看上去雖然滿眼都是倭學，其實都只是轉手從日本販來的西學」。二人或各見其一個側面，不過當時的情形確如葛先生所說，大致已是「西潮卻自東瀛來」。[28]

　　據（日本式）西學分類來規範中國學術的嘗試在20世紀初年相當流行，1905年劉師培作《周末學術總序》，「採集諸家之言，依類排列」，所謂「依類」即仍依西學分類，分出心理學史、倫理學史、論理學史、社會學史、宗教學史、政法學史、計學（今稱經濟學）史、兵學史、教育學史、理科學史、哲理學史、術數學史、文字學史、工藝學史、法律學史、文章學史等。[29]在這樣一種新型的「六經皆史」思路下，專門的「史學」反而不存在。但若去掉各學之後的「史」

　　哲學角度去詮釋歷史上具體的人與事。這都說明宋恕已觸及學術分類的深層問題，他所主張的將經學分而納入各新式學門的主張到民國後也一直是學者關注和努力的方向。

27 康有為：《日本書目志・自序》，姜義華編校：《康有為全集》（3），1992年，585頁。標點略有更易。

28 參見葛兆光：《想像的和實際的：誰認同「亞洲」？——關於晚清至民初日本與中國的「亞洲主義」言說》，《臺大歷史學報》第30期（2002年12月）；葛兆光：《西潮卻自東瀛來》，載《葛兆光自選集》，桂林：廣西師範大學出版社，1997年。

29 劉師培：《周末學術史序》，原刊《國粹學報》第1年（約1905）第1期，收入《劉申叔先生遺書》，南京：江蘇古籍出版社，1997年影印，503-528頁。

字，也就是劉氏認知中分科的傳統學術了。除術數學外，他的分類全按西學分類，大多數學科今日仍存在（有些名詞略有改易），中國學術自此進入基本按西學分類的時代。

三　國學可否例外或「獨立」？

不過，中學畢竟是一個長期相對獨立發展的系統，其總體上向不提倡分科之舉，真要分而治之，在不少地方與西學並不能充分吻合。梁啟超在試圖區分「政」與「學」時就說：「凡一切政皆出於學，則政與學不能分；非通群學不能成一學，非合庶政不能舉一政，則某學某政之各門不能分。今取便學者，強為區別。」[30]這可以說是所謂「見道之言」，蓋學術分類主要還是為了研究的方便；從根本言，學術分科本不是非有不可。物理、化學等自然科學的分類已很難在自然界的形成和發展中找出對應的劃分依據，與人類相關的人文學科和社會科學更不易在古今人類活動中得到支持，因為昔人及今人都很少在行為時先想到這是我的「心理」、那是我的「社會行為」或「政治舉動」等等，則所謂心理學、社會學、政治學等分類實未必有充分的學理依據，更未必存在不可逾越的邊界。[31]

其實民初人取為標準的近代西學本身也是個變數，「學科」的分

---

30 梁啟超：《西學書目表序例》，《飲冰室合集・文集之一》，123-124頁。

31 在近年的西方，作為「現代性」成分的「學科」（academic disciplines）之正當性，已受到一些學者（特別是傾向後現代主義的學者）的質疑，他們認為學科的劃分也是帶有「偏見」或傾向性的「現代」產物，其出發點又不同，其說似亦不無所見。與這種「反學科」的觀念有相當區別而針對近代學術專科化趨勢的某些弊端和弱點的，是一種在西方與中國都很早就出現了的跨學科研究的主張。「跨學科研究」這一說法隱含著接受或至少不挑戰既存「學科」的正當性，但未必就是在學理上確認「學術」應該分科而治。梁啟超在20世紀初年所寫的《新史學》中已提出跨學科研究的取向，或許即是無意中受到不將學術分而治之的傳統傾向影響。

聚與興衰往往隨外在的社會需求和學理內部的發展而演化。[32]然而「西方」權威在近代中國的樹立使本來可以再思或討論的「學科」劃分實際成為眾皆認可而不必討論的內容，當某一學科研究的對象與「學科」本身出現衝突時，只有極少數學人如傅斯年有非常婉轉的「反抗」，他認為中國古代無西方意義的哲學而只有「方術」或「思想」；[33]更多不論新舊的20世紀中國學人並不挑戰新確立的分科體系，而是反求諸己，或否定研究對象的正當性，或希望在因應的進程中保持某種程度的獨立性。

面對新進入的西學，學界出現一種長期的努力，即以一個包容廣闊的名目來囊括傳統的中學，類似的名稱包括中國文學、國文、以及後來的國學、國故學等。康有為在奏請廢八股改策論取士時即主張士子應「內講中國文學」而「外求各國科學」，這裏與「各國科學」相對應的「中國文學」包括經義、國聞、掌故、名物等，[34]則其「文」更接近今日廣義的「文化」之意，且暗含不分科的寓意，即各國之學主分，中國之學雖分而考試，其根本還是一種以「文」匯通之學。後來張之洞辦存古學堂，所學「以國文為主」，其「國文」仍是廣義的，包括各類傳統學問。[35]那時張君勱進入江南製造局的廣方言館，上課是「四天讀英文，三天讀國文」，其英文「包括了數學、化學、

---

32 如西方一些大學（特別是層次較高的大學）多設有專門的「區域研究」系或科（專業），這一「學科」便因「二戰」及戰後的實際需要而興起，今日已略呈衰落之相；又如今日西方盛行的「文化批評」大致尚屬於似學科非學科的階段，但一些學校已設此專業，更重要的是「文化批評」理論對一些既存學科造成了衝擊，導致人類學、社會學、文學等領域的學者開始討論其本身學科存在的正當性。

33 以研究中國古代哲學起家的胡適後來也基本接受傅的看法，說詳羅志田：《大綱與史：民國學術觀念的典範轉移》，《歷史研究》2000年1期。

34 康有為：《請廢八股試帖楷法試士用策論摺》，收入中國史學會主編：《戊戌變法》，上海：神州國光社，1953年，第2冊，211頁。

35 參見羅志田：《清季保存國粹的朝野努力及其觀念異同》，《近代史研究》2001年2期。

物理、外國歷史……等」，而國文則「由先生指導看三《通考》，弄點掌故，作論文等」，分別是中學與西學的代名詞。[36]

晚清中西學戰的結果是，到20世紀初年中學已被認為「無用」。在一定程度上或可以說，國粹、國學、國故等詞彙的大量引入思想言說之中，恐怕就因為「中學」已經失去吸引力和競爭力，尤其「國學」明顯是「中學」的近義詞。當章太炎鼓吹「以國粹激動種姓」時，他（以及主張以歷史激發愛國心的梁啟超等）有意無意間不過是換一個標籤而試圖將在時人思想言說中因「無用」而邊緣化的「中學」拉回到中心來；但正由於國粹與「已經戰敗」的中學之接近，這一努力的成就有限，或可說基本是不成功的。認為中國沒有國粹、只有「國渣」的觀念在清季已出現，到民初更越來越得到強調。[37]

正因為「國學」更多不過是取代「中學」的包容廣闊的名目，其在西方學科分類為基準的學術體系中如何定位就成為困擾許多學人的問題。早在20世紀20年代，當整理國故運動一度風行之時，「國學」即成為一個受到廣泛關注而充滿歧異並使人困惑的問題。那個時代的中國學者多據西學分類以言中學，「國學」在此分類中究屬何類？亦即「國學」本身的學科定位或學術認同問題，困擾著當時許多學人。各類新舊學者就「國學」或「國故學」的含義與類別展開了激烈的論爭，大部分學者都承認「國學」存在的正當性須與西式學術分科銜接，而基本未見有人質疑西式學術分類本身。

這樣，儘管新派學人中也有可以接受「國學」這一名目的（如梁實秋），不少趨新學者卻開始大聲疾呼地否定「國學」存在的正當性。一個流行的觀點是，由於西方各國皆無所謂「國學」，故中國的

---

36 張君勱：《我的學生時代》，《再生》第239期（1941年11月15日），7頁。

37 說詳羅志田：《學術與國家：20世紀前期關於國粹、國故與國學的思想論爭》，《二十一世紀》2001年8月號。

「國學」也不成立。有的學者試圖用「國故學」來取代「國學」，有人則主張「國學」與「國故學」是兩回事，只有取消「國學」才能安頓「國故學」；有人根本主張「國學」不是「學」，更有人連「國故學」一起否定。[38]

非常有意思的是一些被認為「守舊」的學者持論並不「保守」，如柳詒徵於1923年在通常被視為「保守」的東南大學和南京高師兩校的「國學研究會」組織的演講上提出「非漢學非宋學」的口號，他主張「論學必先正名」，明言「漢學、宋學兩名詞，皆不成為學術之名」；漢學不過「文字學耳、歷史學耳」，而宋學則可「分為倫理學、心理學」。很明顯，他心目中「就其學術性質」而定的「正確名詞」皆以當時學校中通行的西式學術分類為依據。[39]

反之，最為趨新的胡適在大約同時的《國學季刊發刊宣言》中，不僅在綜述清代「古學」時數次使用「經學」一詞，在論及將來意義的「整治國故」時，也無意中說出「這還是專為經學、哲學說法；在文學的方面，也有同樣的需要」這樣的話，立刻被更年輕的吳文祺批判。吳氏等不少人以為，國故學只是一個過渡性的「總名」，整理國故是將傳統中國學術轉換成現代西式學術進程中一個必須的環節，國故經「整理」而分別歸入哲學、文學、政治學、經濟學等學科。[40]

可以看出，吳文祺等人所提倡的其實就是劉師培那一代人早已在

---

38 本段及以下數段的討論，參閱羅志田：《學術與國家：北伐前後「國學」的學科定位與認同危機》，收入《國史浮海開新路——余英時教授榮退論文集》，臺北：聯經出版公司，2002年，457-506頁。

39 柳詒徵（講演，趙萬里、王漢記）：《漢學與宋學》，東南大學、南京高師國學研究會編《國學研究會演講錄》，第1集，上海：商務印書館，1924年，84-90頁。本文承徐雁平君代為複製，謹此致謝。

40 胡適：《〈國學季刊〉發刊宣言》，《胡適文存二集》，上海：亞東圖書館，1924年，卷一，11-21頁；吳文祺：《重新估定國故學之價值》（1924年2月），收入許嘯天輯：《國故學討論集》，上海：上海書店影印群學社1927年版，第1集，33-49頁。

做之事，不過清季人直接入手進行，不那麼注重取向的提倡，或使後人感覺此類事還沒有開始做？也許這些後輩本具那一時代較流行的「前無古人」之風，根本不怎麼看已經「落伍」的清季人著述？[41]有趣的是，吳文祺本人那時就在質疑學術傳統的中斷，他對十餘年前曾著有《紅樓夢評論》和《宋元戲曲史》的王國維在民初學術史和文學史中的失語現象甚感不平，對當時趨新文學青年或不知有王氏此書、或竟不屑一顧甚感「奇怪」。[42]但吳氏自己在提倡將國故「整理」而納入西式學術分科時，同樣也忽視了清季人的努力；學術傳統中斷的質疑者本身也在實踐著其所批判的行為模式，這一極具弔詭意味的現象揭示出當年「前無古人」的世風是多麼強有力。

無論如何，整理中國的「國故」使之納入哲學、文學、史學等新式分類的取向從清季到民初持續得到提倡表明這是一種較有代表性的主張。這樣，王國維以前提出的學問沒有中西之別終於實現，中國學術也就成為天下之公器而走入「世界」學術之林。但隨之產生的問題是，這一進程結束後還有「國學」或「國故學」的存在餘地嗎？如果有，則「國學」或「國故學」便實際超越了被時人看作成為「科學」必要條件的西學分科，成為一種相對「獨立」的學術體系，這又違背時人所謂「新國學」即「科學的國學」之定義。問題的實質當然在於「學科」的正當性是否必須與傳入中國的近代西方學術分科「接軌」，這一未能解決的問題終成為後人的學術遺產。

錢穆在北伐前後編撰的《國學概論》之《弁言》中指出：「國學

---

41 按吳文祺在前引文中說，「從來沒有人替國故學下過定義，我且來替它下一個定義」；然其所述多半都是在發揮或系統化毛子水、胡適、曹聚仁先已提出的觀念，很能提示當時少年新進那種目中無人、橫掃一切的氣慨。

42 吳文祺：《文學革命的先驅者——王靜庵先生》，《中國文學研究》（《小說月報》第17卷號外），1927年6月，1-13頁（文頁）。進一步的討論參見羅志田：《文學的失語：「新紅學」與文學研究的考據化》，《中華文史論叢》第70輯（2002年12月）。

一名，前既無承，將來亦恐不立，特為一時代的名詞。其範圍所及，何者應列國學，何者則否，實難判別。」[43]他的預言看來並不準確，20世紀末的中國大陸就曾出現所謂「國學熱」，今日大陸以「國學」為名的學術刊物尚不止一種（多為集刊，如北京大學的《國學研究》，四川大學的《新國學》等），儘管這些「國學」的內涵或已與前大不同，但「國學一名」仍舊存在，其生命力甚至可能恰在其定義的模糊性之上。

中國學者關於什麼學科才具有正當性的思考是持續的，到20-21世紀之交，不少學者又對「漢學」的學術認同或學科定位產生了爭議，有人明確否定「漢學」的正當性，更多的人則力圖界定「漢學」有其特定的專門範圍，甚至出現了可以被稱作「漢學學」即以「漢學」為研究對象的學問。[44]儘管爭議的對象主要是指外國的「中國研究」，仔細考察近年的爭論，仍可看出今人很大程度上沿襲了昔人的觀念和思路。兩次論爭的一個共同特點是參與的學人似乎都在討論學術，其實往往是從思想角度看待「國學」與「漢學」（前一次比後一次更明顯）。這一（更多是無意識的）歷史記憶「復甦」究竟提示著傳統的中斷還是延續，是個很值得反思的問題，只能另文探討了。

（原刊《社會科學研究》2003年1期）

---

43 錢穆：《國學概論》，臺北：商務印書館，1963年影印，1頁。

44 類似問題幾乎成為近年關於「漢學」的學術研討會之必議內容，也是一些以「漢學」命名的刊物的持續論題。除此之外，《中華讀書報》對此也頗有興趣，刊發了一系列相關文章，參見劉凌：《名不符實的學科命名》，《中華讀書報》2001年10月24日23版；顧鈞：《為「漢學」正名》，《中華讀書報》2001年12月5日23版；劉凌：《「漢學學科」再質疑》，《中華讀書報》2002年1月16日22版；顧農：《讓「漢學」存在》，《中華讀書報》2002年1月30日8版。關於「漢學」學科，參見嚴紹璗：《國際中國學（漢學）的範疇與研究者的素質》，《中華讀書報》2000年7月19日文史天地版；李學勤：《作為專門學科的國際漢學研究》、任繼愈：《漢學發展前景無限》，均《中華讀書報》2001年9月19日國際文化版。

史學的履迹

《山海經》與近代中國史學

　　幾年前，胡厚宣在回顧其治學生涯時說，他「受王靜安『二重證據法』之啟發教育，用甲骨文結合商史與商代遺跡，來解決甲骨學殷商史上的重要問題」。其中撰於抗戰時期的《四方風名考證》一文，「舉出《山海經》、《堯典》及其它古書中有一整套的古史資料，與殷武丁時代的甲骨文字完全相合，這在當時頗引起一般學術界的重視」。因為「當時據『疑古學派』看來，《山海經》是偽書，有人說作於東漢時，《尚書·堯典》亦後人所作，顧頡剛甚至認為作於漢武帝時」。換言之，一些疑古史家認為後出甚至可能是偽造的史籍，經此文使用地下材料印證，「並非荒誕不經之作，而確實保留有不少早期史料」，因此頗引起時人注意。[1]

　　不過，疑古和使用傳說材料證古兩者都是民國新史學的核心組成部分；疑古派的代表顧頡剛本人恰是提倡使用傳說材料最力者，故二者可以說是以顧先生為代表的古史辨派的兩大基石，幾乎已成為該學派的象徵。但二者的互動卻未必產生正面的影響，反造成相互衝突甚至對立的弔詭性後果，這是很值得思考的。這個問題將另文專論，[2]本文僅通過考察近代中國學人對《山海經》這一帶爭議的舊籍是否可以（及怎樣）用為史料的態度轉變，初步探討民國新舊史料觀的錯

1　胡厚宣：《我和甲骨文》，《學林春秋》，北京：中華書局，1998年，274-275頁。

2　有些初步的思考可參閱羅志田《史料的儘量擴充與不看二十四史——民國新史學的一個詭論現象》，《歷史研究》2000年4期，已收入本書。

位、傳統觀念怎樣在「現代」學術裏通過轉換表現形式而延續、以及
與此相關的學術傳統之中斷與更新等問題；主要是提出問題並勾勒演
化路向，不求全面，也無意於徹底「解決」這一問題。

一　《山海經》在清代學統中的沉浮

如果詳細重建《山海經》在歷代學者認知中形象的演變這一長期
歷程，以該書為一面鏡子來映照不同時代不同學人對其內容究竟是否
可信或在多大程度上可以依據的態度之變化，應能對中國學術史甚至
思想史產生不少啟示性的認識。[3]這當然已溢出本文的範圍，但簡單
回溯一下這一歷程卻對我們瞭解近代中國學人究竟是在怎樣的學術語
境下處理《山海經》有所助益。

呂子方曾撰有十餘萬字的《讀〈山海經〉雜記》，他注意到，從
漢代起歷代詩賦多引《山海經》中事以為典故，說明該書很早就被廣
泛閱讀。[4]不過詩賦多屬後來「文苑」的範圍，儒林之中對《山海
經》就未必那麼看重了。司馬遷寫《史記》時已面臨《山海經》的處
理問題，他以為：「言九州山川，《尚書》近之矣。至《禹本紀》、《山
海經》所有怪、物，余不敢言之也。」[5]在《漢書・藝文志》裏，《山
海經》列「數術」類「形法」家，與司馬遷的認知尚接近（然不
同）。此後該書在古代中國目錄學裏所屬類別有數次轉換，《孔子家
語・執轡篇》有「子夏曰：商聞《山書》曰：地東西為緯、南北為

3　鍾敬文的《〈山海經〉是一部什麼書》（《鍾敬文民間文學論集》（下），上海：上海
　　文藝出版社，1985年，329-341頁）從不同的角度列舉了不少歷代論及《山海經》的
　　材料。

4　呂子方：《讀〈山海經〉雜記》，收其《中國科學技術史論文集》，下冊，成都：四
　　川人民出版社，1984年，1、174頁。

5　《史記・大宛列傳》，3179頁（標點稍有更動）。

經」一語，呂先生據此指出，「在《家語》成書時人們已承認《山海經》是一部地理書了」。[6]後來的《隋書·經籍志》裏《山海經》列史部地理類，此後各代官私目錄多隨之。到清人編《四庫全書》，則說其「侈談神怪，百無一真，是直小說之祖耳。入之史部，未為允也」；遂改列子部小說家類。然而晚清張之洞的《書目答問》又特創一個子目「古史」來容納像《山海經》和《穆天子傳》等引起前人或後人懷疑的書籍（詳後）。

總體地說，《山海經》在相當長的時間裏被人看作與史相關的舊籍，且一般並不懷疑其為「先秦古書」。[7]但對於司馬遷不敢言的「怪、物」內容，歷代學者也多有不同看法和詮釋。撰《通典》的唐人杜佑認為：「《禹本紀》、《山海經》不知何代之書，恢怪不經。夫子刪詩書後，尚奇者先有其書。如詭誕之言，必後人所加也。」宋人胡應麟則以為該書是「戰國好奇之士取《穆王傳》，雜錄《莊子》、《列子》、《離騷》、《周書》、《晉乘》以成者」。[8]

朱熹注意到，古今說《楚辭·天問》者，皆本《山海經》和《淮南子》二書，「今以文意考之，疑此二書本皆緣解《天問》而作」。他「常疑《山海經》與此書（按指《天問》）出入處，皆並緣此書而作。今說者反謂此書為出於彼而引彼為說，誤矣。若《淮南子》則明是此書訓傳亡疑」。[9]從朱熹的話中可以看出，當時的宋人也有主張《天問》出於《山海經》的見解，此意清儒吳任臣得之，他認為「周

6　呂子方：《讀〈山海經〉雜記》，5頁。

7　馬端臨《文獻通考》將《山海經》置於《經籍考·史考》中「地理」書之首，依司馬遷意，承認其為「先秦古書」（《文獻通考》卷204）。

8　均轉引自呂子方《讀〈山海經〉雜記》，2頁。

9　陳振孫：《直齋書錄解題》，上海：上海古籍書店1987年標點本，238頁（卷8）；朱熹：《題屈原〈天問〉後》，《朱熹集》，成都：四川教育出版社1996年標點本，第7冊（卷82），4251頁。本條材料承劉復生先生提示，謹此致謝。

秦諸子，惟屈原最熟讀此經」，《天問》中許多名物「皆原本斯經。校勘家以《山海經》為秦漢人所作，即此可辨」。[10]

乾嘉時代是考據大興之時，有「校勘家以《山海經》為秦漢人所作」的見解自屬正常。但乾嘉時的清代漢學又向以「正統」觀念著稱，且《山海經》正是在這一時代所編的《四庫全書》中被從史部地理類革出而歸入子部小說類。此時「校勘家」的視野已及《山海經》，提示著一種學術多元化的傾向，應為治學術史者所關注。

實際上，乾嘉學者的眼光過去或有被誤讀的可能，至少乾嘉學風並不像過去認知的那樣一統化；那時《山海經》這種「昔人所鄙夷而不屑道者」其實已被一些人「居之以為奇貨」，甚至可以傲世。最受民國辨偽者尊重的崔述當時觀察到，乾嘉時已有「一二才智之士務搜攬新異，無論雜家小說、近世贗書，凡昔人所鄙夷而不屑道者，咸居之以為奇貨，以傲當世不讀書之人。曰吾誦得《陰符》、《山海經》矣；曰吾誦得《呂氏春秋》、《韓詩外傳》矣；曰吾誦得《六韜》、《三略》、《說苑》、《新序》矣；曰吾誦得《管》、《晏》、《申》、《韓》、《莊》、《列》、《淮南》、《鶡冠》矣。公然自詫於人，人亦公然詫之以為淵博；若《六經》為藜藿，而此書為熊掌雉膏者然，良可慨也！」[11]

透過崔述的眼睛，我們看見的是一片泛讀雜書和異端書的情景。關鍵在於這些人可以「公然自詫於人，人亦公然詫之以為淵博」，則世風似還傾向於他們一邊。這其實也是乾嘉治學風格的自然延伸。蒙文通注意到，「清人好以類書為學，自矜淹博，而好醜詆宋人」。[12]本

---

10 轉引自呂子方《讀〈山海經〉雜記》，5頁。

11 崔述：《崔東壁遺書・考信錄提要・釋例》，上海：上海古籍出版社1983年標點本，7頁。

12 蒙文通：《巴蜀史的問題》，《四川大學學報》1959年5期。其實民初治考據有成的學人亦多承續此讀類書的風習，惟不一定正面提倡之；同時民國許多趨新學者也多暗引清儒考據成就而不稱，這倒不是故意剽竊，而是因趨新之勢太盛，多稱引清儒便

來「一事不知，儒者之恥」是中國長期流傳的古訓，讀書尚博的風氣也不始於清代，但清代考據大興顯然增強了崇尚淹博的學術風氣。在此世風之下，只有多讀類書才能較迅速地淹博起來。由於類書中較容易識別的材料很快便被人使用或輯出（關注類書、從中鉤輯古書之風氣似從晚明已開始），這一風氣發展下去便是讀正統士人過去不怎麼讀的雜書、集部書和原處異端之書。因此，在漢學正統觀念籠罩士林的同時，也出現了廣讀群書的趨向。與崔述大約同時而為《山海經》作注的名家就有前引的吳任臣和畢沅、郝懿行等人，可為崔氏所觀現象之旁證。

實際上，崔述自述他「幼時喜涉覽，《山經》、《地志》、權謀、術數之書常雜陳於幾前。既泛覽無所歸，又性善忘，過時即都不復省憶。近三十歲始漸自悔，專求之於《六經》，不敢他有所及」。[13]所以他後來一再反對讀雜書，說不定也是「自悔」的一個表現。崔述的父親教子讀書不重時文，「自解語後即教以日數官名之屬，授書後即教以歷代傳國之次、郡縣山川之名」。[14]不知他讀《山經》、《地志》等地理書的興趣是否便是因此而起？若是，則崔家仍視《山經》為地理書而不是「小說」。無論如何，在崔述少年時已出現泛讀雜書的風氣了。

成年後崔述的觀念已相當正統，他認為《山海經》「書中所載，其事荒唐無稽，其文淺弱不振，蓋搜輯諸子小說之言以成書者。其尤顯然可見者，長沙、零陵、桂陽、諸暨等郡縣名，皆秦漢以後始有之，其為漢人所撰明甚。甚矣學者之好奇而不察真偽也！故悉不採。」[15]其實關於這些郡縣名稱，顏之推早已指出是「由後人所羼，

有自居「學術不正確」（academic incorrect，此套用今日美國「政治正確」之義）的嫌疑。

13 崔述：《崔東壁遺書‧無聞集‧與董公常書》，705頁。

14 崔述：《崔東壁遺書‧考信附錄‧先君教述讀書法》，470頁。

15 崔述：《崔東壁遺書‧夏考信錄》，110頁。

非本文也」，但他並不據此否定此書為「禹、益所記」。[16] 應該說，就算是漢人所著書，其論及夏代的內容雖然晚出，也未必不可慎採，但這是史學方法的問題，此不贅論；值得注意的是崔述對當時「學者之好奇而不察真偽」這一現象的感歎。

一般認為郝懿行的《山海經箋疏》是清代最好的注本，郝氏的見解與吳任臣相類，他雖同意流傳的刻本有一些後人羼入之內容，但明確指出此書「尋山脈川，周覽無垠。中述變怪，俾民不眩。美哉禹功，明德遠矣。自非神聖，孰能修之。而後之讀者，類以《夷堅》所志，方諸《齊諧》，不亦悲乎！」[17] 以「述變怪」來使「民不眩」，意本《左傳》夏禹鑄鼎事，[18] 而與《山海經》聯繫起來，是相當有想像力的詮釋，但言外之意是書中所述的變怪可能未必實有。綜觀吳、崔、郝等人從不同角度指責其對立面的言詞，乾嘉時代學者對《山海經》的看法是兩歧的。

光緒元年（1875年）張之洞主持編纂的《書目答問》體現了晚清學術風氣的轉移，該書本是「縮編」《四庫全書提要》以利學子，但實際上不僅所收書籍和版本大半已出四庫範圍，且在書籍分類體系上也已有所變革。如史部中就新創了一個子目「古史」，其理由是「古無史例，故周秦傳記體例與經、子、史相出入；散歸史部，派別過繁；今匯聚一所，為古史」。而《山海經》與《逸周書》等有爭議的書籍一起列入了這一子目，重新回到史部的範圍。值得注意的是張之

---

16 王利器：《顏氏家訓集解》，上海：上海古籍出版社，1980年，438頁。

17 郝懿行：《山海經箋疏敘》，錄在袁珂《山海經校注》，上海：上海古籍出版社，1980年，484頁。

18 《左傳》宣公三年：「昔夏之方有德也，遠方圖物，貢金九牧，鑄鼎象物，使民知神奸；故民入川澤山林，不逢不若，魑魅魍魎，莫能逢之」。《十三經注疏》，北京：中華書局，1980年影印，1868頁。

洞在該書《略例》中說：「凡無用者、空疏者、偏僻者、淆雜者不錄」；而史部所選書則是「義例雅飭、考證詳核者」。[19]在這樣的選擇標準下納入《山海經》，其寓意又別有不同。

這其實反映了張之洞及其一些同時代人的學術見解，在與《書目答問》同時頒下的《輶軒語》中，張之洞特別提倡「宜多讀古書」。他認為「秦以上書，一字千金；由漢至隋，往往見寶。與其過也，無亦存之」，蓋「皆有考證經義之用」也。有這樣的見解，在張氏錄出給學生讀的「先秦以上傳記（子、史及解經之書，古人通名傳記）真出古人手者」中，即包括《山海經》、《逸周書》、《竹書紀年》和《穆天子傳》等。他並注明，後「三書雖有假託，皆秦以前人所為」；可知在張之洞心目中，《山海經》的可靠尚在後三書之上。特別能體現學術的時代變遷的，是張氏將清人輯錄的《七經緯》也包括在「三代古傳記」範圍之內，並特別說明：「緯與讖異，乃三代儒者說經遺文。瑕不掩瑜，勿耳食而議之」。[20]這裏「耳食」所針對的，大約即是崔述一類學者的見解。

綜觀《書目答問》和《輶軒語》所列各書，並與前引崔述抱怨時人所讀的不經之書比較，除《三略》明確被指為偽書不錄和《陰符》不收外，其餘崔述不欲人讀之書悉數出現在張之洞希望學生閱讀的書目之中。或曰：張之洞是專開書目，與崔述僅僅一段抱怨之語範圍相去太遠，似不具可比性。但如果注意張氏所開列的是精簡的選目，而且是給學識不甚豐富的學生所開的入門書目，卻恰好囊括絕大多數崔述所反對閱讀者，仍可看出學術認知的時代變遷已相當顯著。也應注意的是，崔述所反對的正是其許多同時代人所讀之書，則這一學風的

19　《張文襄公全集》（4），北京：中國書店，1990年影印，652、626頁。

20　《張文襄公全集》（4），607頁（卷204）。

演變又是淵源有自，即乾嘉時或仍是潛流（至少過去較少為學者注意）的廣讀雜書的傾向到光緒年間已蔚為大潮了。[21]

到戊戌維新時期梁啟超任教於湖南時務學堂時，有學生就《山海經》中人面獸身事提問，梁的批答是「漢世武梁祠堂所畫古帝王，多人首蛇身、人面獸身；蓋古來相傳，實有證據也。《山海經》言，絕非荒謬」。[22]按朱熹早已認為《山海經》中「說禽獸之形，往往是記錄漢家宮室中所畫者」，[23]梁此見無甚新意；但他認為「《山海經》言，絕非荒謬」的斷語，卻代表了當時相當一部分人的認知。

幾年後劉師培在《國粹學報》上正式撰《〈山海經〉不可疑》一文，據「西人地質學謂動植庶品遞有變遷」的新知識，再引漢武梁祠所畫證明「《山海經》所言皆有確據，即西人動物演為人類之說也」。他接受「地球之初，為草木禽獸之世界」的觀念，視「西國古書多禁人獸相交，而中國古書亦多言人禽之界」的現象為「上古之時人類去物未遠」的明證；則「《山海經》成書之時，人類及動物之爭仍未盡

21　遍讀雜書的周氏兄弟（魯迅、周作人）和專讀集部書的錢氏父子（錢基博、錢鍾書）都是這一風氣的後期代表。不過這一風氣似尚未充分影響到科舉考試和相對「邊遠」（指學術距離）的鄉村，在安徽績溪的村莊裏受學成長的胡適即不甚瞭解這一風氣以及正統與異端的區別，他曾對魯迅居然未能進學成為秀才頗感不解。近年更有以為魯迅的「國學」水準還在多數同時代人之上的言說，大約也是與胡適一樣的「村野」見識。當然，清季時正統與異端已相當混淆，一般認為最具正統意識的章太炎著有《管子餘義》，郭沫若便發現其「好引圖讖之說，甚可異」（《管子集校・敘錄》，《郭沫若全集・歷史編》（5），北京：人民出版社，1984年，30頁）。可知當時傳統學術已相當多元化，不過讀雜書而得秀才仍極少見，而視之為「國學」正宗恐怕也還太超越於時代了。

22　原文出自《湖南時務學堂學生日記類抄》，轉引自鍾敬文：《晚清改良派學者的民間文學見解》，收尹達等主編《紀念顧頡剛學術論文集》，成都：巴蜀書社，1990年，876頁。

23　《朱子諸子語類》，上海：上海古籍出版社，1992年影印（四庫本），762頁（卷一三八）。

泯，此書中所由多記奇禽怪獸也」。既如此，此書所言自不可疑。[24]

清季學人在20世紀初年曾經非常關注中國人種的起源問題，鍾敬文注意到，「當時中國學者在對人種起源問題的論證上，都利用了《山海經》、《穆天子傳》及其它許多古文獻上的神話、傳說資料」。如蔣觀雲於1903-1904年間的《新民叢報》上連載《中國人種考》，即其一例。蔣氏以為：「《山海經》者，中國所傳之古書，真贗糅雜，未可據為典要。顧其言有可釋以今義者。如雲長股之民、長臂之民，殆指一種類人之猿」；只要不「專泥於人類以相求，則亦可稍無疑於其言之怪誕矣」。[25]這樣的見解與後之視《山海經》內容為「神話」還不同，已經將其目為表現方式特殊的「實錄」了。

稍後劉師培著《中國歷史教科書》（1906-1907年出版），開篇即引《山海經》；他於1909年完成的《穆天子傳補釋》，更屢引《山海經》以為證，其中證明該書「非後人贗造」的證據之一即是其所載「地名符於《山海經》」，則後者之可據自不待言（注意這裏說的是地名而非怪物一類）。特別值得注意的是劉自稱「幼治此書」，[26]按《穆天子傳》為一般正統士人視為後出偽書而不提倡讀，劉家又是屬於經古文學的世家，這樣的讀書人在很年輕時已在研治此書（劉師培生於1884年，說此語時不過25歲，則其口中的「幼年」當然還應更早許多年），亦可見清季學風轉變之一斑。

劉師培、蔣觀雲等當時尚屬年輕學者，年輩更高的王先謙在20世

---

24 文收《劉申叔遺書》，南京：江蘇古籍出版社，1997年影印，1950頁。就史學方法而言，值得注意的是劉師培提出：後人對所不及見之事物，「謂之不知可也，謂之妄誕不可也」。這正是後來的趨新疑古派與舊派正統學者相近之處，兩者皆視其未見之古事物為不存在，所異者一以為「偽造」，而一以為「妄誕」也。

25 參見鍾敬文：《晚清改良派學者的民間文學見解》，854、876頁。

26 《劉申叔遺書》，2178、1171-1177頁，引文在1171頁。

紀初年所撰的《外國通鑑序》中也說到他讀《山海經》，甚感「上古
之世無大國，水船山權中見聞荒忽」。[27]王氏雖稟湘學駁雜之風，大體
仍屬治學「老成」一流，可知光緒年間《山海經》已為相對正統的學
者所閱。如果說《山海經》到清朝末年已較廣泛地為學人所閱讀並用
於著述之中，應該不算過分。

二　民國學者對《山海經》的不同認知

這樣看來，民國學者在研究中使用《山海經》一類書籍原不需特
別的「思想解放」。既存研究一般似不認為光緒初年出現了多大的思
想解放和學術觀念的突破，《山海經》等材料早已納入史籍要目並被
學者廣泛閱讀提示著新文化運動對民國史學或史料擴充傾向在解放思
想方面的影響還可進一步探討。另一方面，從下文可以看到，民國前
二三十年對《山海經》持懷疑態度甚至反對用之於證史者新舊皆有，
且絕非少數人，所以胡厚宣才感到他證明了《山海經》「並非荒誕不
經之作，而確實保留有不少早期史料」能特別引起時人注意。這是怎
麼一回事呢？

前引胡先生所述是晚年的回憶，有些內容不一定特別精確。《堯
典》的確是顧頡剛疑為漢代作品的，而《山海經》就稍不同：影響胡
先生的王國維本人在其「二重證據法」的示範中已先使用了《山海
經》來考證殷王世系。王氏本主張「傳說之中亦往往有史實為之素
地」，故他認為：「雖謬悠緣飾之書如《山海經》、《楚辭‧天問》，成
於後世之書如《晏子春秋》、《墨子》、《呂氏春秋》，晚出之書如《竹
書紀年》，其所言古事亦有一部份之確實性；然則經典所記上古之事，

---

27 王先謙：《外國通鑑序》，《虛受堂文集》，1932年葵園四種版，卷6，頁49。

今日雖有未得二重證明者，固未可以完全抹殺也」。[28]王國維是一個在學術方面開新而在文化理想和人生觀方面相當認同於傳統（也可以說是守舊）的人，[29]他能使用這些書，應該與同光以來的晚清學風有關，很可能也與他同《書目答問》的實際作者繆荃孫的學術交往相關。

同樣，《山海經》是一般不被視為新派的蒙文通（其實他的思想和治學方法都可以說是新而不舊）論證中國上古區域文化的主要依據之一。[30]這可能和清季蜀學的傳統有關，蒙先生的老師廖平即對朱熹和吳任臣說過的《楚辭》與《山海經》的關係深有體會，他不僅主張「《楚辭》稱述，全出《山海》、《詩》、《易》之博士學」（《治學大綱》）；且根本認為「因《楚辭》專引《山經》，而《山經》亦因之大顯」（《經學四變記》）。[31]另一位四川史家呂子方不知是否讀到廖平此見，但他顯然同意廖平的說法，並有細緻的考證。[32]蒙先生注意到，「自清世考古之學大盛」，《山海經》「逐漸受到一些學者的注意，而進行了一些整理工作。但清人的工作也只限於疏通文字、辨析異同，缺乏深入探討。後來的古史學，也只不過是根據其需要而片段地徵引」。他主張從史學的角度對《山海經》「進行深入、全面和系統的分析與考察」，將其「提到古史研究的適當的地位上」。[33]

---

28 王國維：《古文新證》，收入《古史新證》，北京，清華大學出版社，1994年影印，52-53頁。

29 其實不僅王國維，像陳寅恪、湯用彤等為新派或被新派所欣賞的史家，在文化理想上也是以傳統派自居的。參見王汎森《民國的新史學及其批評者》，收入羅志田主編《20世紀的中國：學術與社會（史學卷）》，35頁。

30 參見《蒙文通文集》，第1-3卷，成都：巴蜀書社，1987、1993、1995年。

31 兩說皆引在聞一多：《廖季平論離騷》，《聞一多全集》（5），武漢：湖北人民出版社，1994年，251頁。

32 呂子方：《讀〈山海經〉雜記》，4、81-94、102-115頁。

33 蒙文通：《略論〈山海經〉的寫作時代及其產生地域》，收《古學甄微》（《蒙文通文集》第1卷），35頁。

從司馬遷起，讀書人對《山海經》的疑慮皆在其所述的「怪」、「物」太離奇，故大多以其為謬悠難信，但是遊學歐洲多年的民國新史家傅斯年則與王國維和蒙文通一樣認為這一舊籍之中有許多寶貴的材料。與王、蒙不同的是，傅斯年更加有意識地提出古代非正統史料的價值，他強調：經過儒家「倫理化」的史料不能全信。譬如以殷代歷史而言，《史記・殷本紀》的記載有不少錯誤，而《左傳》、《國語》的記載又過度倫理化，它們的史料價值都低於像《山海經》和《楚辭・天問》這樣帶有神秘色彩的古籍。[34]

傅斯年的觀念裏隱含民國新史家的一個共識，即中國上古本非什麼「黃金時代」。後者正是歷代學者難以接受《山海經》的觀念基礎，凡欲證明該書可信可用者皆不能不就此給出一個能使人接受的解釋，所以郝懿行才會得出以「述變怪」來使「民不眩」這樣一種極富想像力的詮釋。但對於有進化論特別是社會進化觀為思想武器的近代學人來說，這個問題本來是很容易解決的。明代朱長春注《管子》時即說：「《山經》簡而穆，志怪於恒，上古之文也」。呂子方已注意及此，他進而主張：《山海經》中「後人所增添的是比較系統、完整，比較緻密、文雅的東西。而書中那些比較粗陋艱懂和閎誕奇怪的東西，正是保留下來的原始社會的記錄，正是精華所在，並非後人竄入」。[35]

其實，在一些道光、咸豐年間及其後興起的學問中，正統觀念本來不甚強，如在以關注「西北」為表徵的歷史地理學內，《山海經》就不那麼受輕視；而前述清季興起的關於中國人種來源的考辨，實際已牽涉到今日所謂的神話領域或傳說領域，在這裏《山海經》也早就

---

34 傅斯年遺稿《中國上古史與考古學》，藏臺北中研院史語所「傅斯年檔案」，引在王汎森《民國的新史學及其批評者》，85頁，本段所述全本王先生文。

35 呂子方：《讀〈山海經〉雜記》，3-4頁。

被更認真地看待。這兩個方面恰是疑古派的代表顧頡剛所關注和涉入者，他本人也最提倡使用傳說材料。所以顧先生的後繼者楊寬於抗戰初期作《中國上古史導論》，頗有集古史研究之大成的動機（成功與否又當別論），即將《山海經》用為最主要的材料之一；他自述其「論古史神話」之取向便是「多據諸子及《楚辭》、《山海經》諸書以為說」。這一做法得到楊師呂思勉的認可，並鼓勵其「推而搜之於《神異經》、《博物志》等書，以窮其流變」（同樣可以注意的是呂思勉也非一般認為很「新」的史家）。[36]

這樣的治史傾向與前已大不相同，時代風氣的轉變是非常明顯的。[37]不過，對《山海經》等持懷疑態度的學者仍不少見，且不少懷疑這些文獻的人都持一種看似更「嚴格」的「科學」史學觀。考慮到前述清代學風的演變，特別是多元化傾向的逐漸增強，這些看似更「科學」的史家在相當程度上恐怕受乾嘉正統觀念的影響更深，甚至可能成為其僵化的餘緒而不自覺。

究竟什麼樣的資料才應當或可以使用是20世紀史家長期爭論的問題，民初對學術研究在「眼光」上的「突破」其實新舊俱有，即使在

---

36 楊寬：《上呂師誠之書》，1940年2月15日，《古史辨》（七下），上海：上海古籍出版社，1982年影印（下引各冊同），381頁。

37 前引傅斯年明確置「俗」材料於「雅」材料之上的見解，也許不僅僅是學術上的解悟，很可能還有些時代風氣的外在影響。魯迅回憶中對《山海經》圖畫和《二十四孝圖》那黑白分明的愛憎，非常有助於理解時人那種「俗勝於雅」的心態。他說，本來從長輩那裏得到《二十四孝圖》也「使我高興極了」，但在「請人講完了二十四個故事之後」，就從高興走向「掃興」。以他後面具體敘述其掃興甚至「反感」的具體內容看，有些恐怕不是閏土的少年朋友可以思及的，多少帶有新文化運動時代成年人的眼光，大概也出自他所謂「總要上下四方尋求，得到一種最黑，最黑，最黑的咒文，先來詛咒一切反對白話，妨害白話者」那樣一種「噁心」。參見魯迅：《阿長和〈山海經〉》、《二十四孝圖》，《魯迅全集》（2），北京：人民文學出版社，1981年，243-257頁，引文在253-254、251頁。

北大之內新舊人物的學術觀念也有著明顯的錯位。傅斯年的北大同學毛子水當然是名副其實的新派，他在1919年討論用科學方法來「研究國故」時就說：「現在有些人用明堂比傅議會，根據《山海經》來講學術史，說《太極圖》是夏鼎上的東西——這等的論斷，我覺得很不妥當」。可知身為新派的毛子水基本繼承了過去讀書人視《山海經》為不可信之「異端」的觀念；他還把用《洪範》的材料作哲學史和用緯書的內容作孔子傳視為「比用三代鼎彝的款識來說三代的文字更不可靠」，[38]又可知他那時也傾向於章太炎的觀點，對使用金文持懷疑態度。從這兩點看，毛對當時史料觀上的「新突破」多不能接受。

不過毛子水與章太炎不同的是他手中握有更強大的武器——「科學」，故可以明指使用金文和《山海經》是與「科學的精神」對立的。有意思的是，傅斯年能肯定《山海經》也借助的是同樣的武器。他說：《山海經》和《楚辭‧天問》這類材料以前都是死的，「如無殷墟文字的出土和海寧王〔國維〕君之發明，則敢去用這些材料的，是沒有清楚頭腦的人。然而一經安陽之出土、王君之考釋」，這些相關的材料「登時變活了」。[39]雖然這一頭腦是否清楚的劃分有明確的時間斷限，其言外之意，似乎是取決於新文化人特別強調的「科學方法」。大致也就是王國維所說的經過地下材料證明的紙上材料才可用之意。

可知當時「科學方法」對不同的人有不同的影響和作用，它既可用來突破過去的正統史料觀念而開拓新範圍，也可復興乾嘉正統意識，進一步支持《山海經》等是「謬悠怪誕」的不經之書的觀念。同時，這裏也可見清代「漢宋之爭」的復活，雖然在表述形式上已基本

---

38 毛子水：《國故和科學的精神》，《新潮》，第1卷第5號（1919年5月1日），上海：上海書店，1986年影印，737-738、739-740頁。

39 傅斯年：《「新獲卜辭寫本後記」跋》，《傅斯年全集》，第3冊，225頁。

改頭換面：許多傾向於義理的「舊派」都強烈抨擊前清的乾嘉考據進入民國後反借「科學」而復興，結果導致民國學術破碎支離，這正是道咸以降的「新宋學」攻擊乾嘉「漢學」的口頭禪；更有意思的是這些人多明顯具有以民國之人反對「前清思想」的言外之意，所以他們在社會身份認同上其實又不「舊」而「新」。[40]

而「科學」派的學者立場也非常鮮明，正式提出「中國古史重建」口號的韓亦琦到1942年仍認為，因清儒的考據，一般認知中的上古史料可靠的已很少。像《汲冢書》、《竹書紀年》、《山海經》等「可靠的成分更是少了」。他特別指出：「我們切不可以為王國維利用《山海經》證實了甲骨記載中殷先王亥，便認為《山海經》完全可靠」。與毛子水一樣，他對金文也持保留態度：「雖然金文也能當做史料，但未經科學的發掘和嚴格考訂整理，用時危險極多；即使考訂正確，為數也有限」。[41]

這正是與胡厚宣撰寫《四方風名考證》差不多同時的言論，則前引胡先生的回憶雖有不精準處，其所述的學界反應卻可以說大致符合實際。楊樹達後來序胡先生文集，便指出當年王國維文出，「舉世莫不驚其創獲。及君此文出，學者又莫不驚歎，謂君能繼王君之業」。[42]學界的兩次「驚歎」說明，近年被學術史稱述甚多的「二重證據法」對學術的實際影響恐怕沒有我們認知中那麼大。[43]在一般學人印象中，記載傳說材料的《山海經》等書正是疑古傾向的對立面，也確實

40 這個問題我擬另文專論，相關的論述可以參見羅志田：《史料的儘量擴充與不看二十四史——民國新史學的一個詭論現象》；王汎森：《民國的新史學及其批評者》。
41 韓亦琦：《中國上古史之重建》，《斯文》，2卷23-24期合刊（1942年12月1日），10-11頁。
42 楊先生語引在胡厚宣《我和甲骨文》，275頁。
43 參見羅志田《「新宋學」與民初考據史學》，《近代史研究》1998年1期。

受其影響而使人不敢隨便使用。[44]王國維雖然先已使用了《山海經》，但在疑古風氣極盛的時代，似尚不足以祛除主張「科學」治史的疑古學者對《山海經》一類文獻的疑惑。正是在這樣的學術語境下，胡先生此文因進一步以「地下材料」證明了舊文獻的可用，對疑古風氣打擊較大，故能再次使人「驚歎」。

那時仍在懷疑《山海經》的韓亦琦認為古史的重建只能寄希望於「科學的考古發掘。這門學問若能發達，新材料不僅可以大量尋找出來，使古史之重建極為可能，而且這些材料將愈積愈多，使後人知道古代史更詳細、更悠遠、更確切」，因為他們「可以利用顛撲不破的古代實物重建古史」。[45]這也是稍早許多人的期望，但到韓氏寫此文時，因出土史料的有限及使用困難而導致不少學者對考古的期望降低。

大量使用《山海經》的楊寬就對考古出土史料的效果存疑，並從幾乎完全相反的角度質疑王國維的研究。他說：「當前古史之研究，最大之難題，為殷墟卜辭之學猶未能建立成一體系；其章句訓詁固在在成問題，其所識之字，亦多以意為之，未能堅人之信也」。王國維曾將一甲骨文字「初釋為『夋』，謂即帝俊；即而因證帝俊之即帝嚳，乃又改釋為『夒』，謂與『嚳』音同，又與『夋』相近。究何所見而云然耶？王氏為學尚稱審慎，其末流乃舉古史上之問題，一一以卜辭穿鑿附會之。地下之新史料誠較紙上之舊史料為可貴，實物之史料誠較傳說之史料為可信，但考釋必須觀其會通，然後能增高新史料之價值。若任情附會穿鑿，其與偽造新史料，相去僅一間耳。」[46]

---

44 徐炳昶（旭生）注意到，直到20世紀50年代，治古史的人對傳說資料仍是左支右吾，不敢放手使用；其主要原因即受疑古風氣影響，「從根本上疑惑這些資料的可用與否」。參見徐旭生：《中國古史的傳說時代》（增訂本），北京：文物出版社1985年重印1961年版，26-27頁。

45 韓亦琦：《中國上古史之重建》，《斯文》，2卷23-24期合刊，10-11頁。

46 楊寬：《上呂師誠之書》，1940年2月15日，《古史辨》（七下），381頁。

　　以今日的後見之明看，考古史料與傳說史料並不存在根本的衝突，學者完全可以兼而用之（顧頡剛本人早年正提倡兼用，他特別強調新學術應注重實物、依靠實物；但其後來實際走在基本使用文籍而非實物的方向上，也可能影響到其追隨者）。然當時人似乎多感到有必要為自己採用的方法正名同時又反對其它方法的必要，這大概與那時的世風相關，也可能與清代「漢宋之爭」在民國以不同形式「復興」相關，這方面的探討只能俟諸另文了。

三　餘論：學術傳統的中斷與更新

　　本在《書目答問》「古史」類中的《山海經》竟然被許多民國學人視為異端這一現象充分提示出近代中國學術傳統的中斷（不是全斷），而傳統中斷後的一個常態便是「假作真時真亦假」（當然絕非有意識地製假）：過去常見的事物可能變為（實際是被認為）稀見，過去極平常的事（如閱讀和使用《山海經》）反而成為帶突破性的舉動，而本來人皆可為之事也竟成為「思想解放」的對象了。《山海經》並非唯一受此「殊遇」者，前引反對讀《山海經》的崔述在民國時就曾有相似的命運，這一在光緒初年其實可以說廣為讀書人所知的人物到民初竟然被從「百年埋沒」中「重新發現」出來，成為新文化人從邊緣改寫近代中國學術史的一個重要立足點（這裏針對的不是新文化人對崔氏學術成就的重新評估，而是他們將崔述視為清代學統中的邊緣人物這一點）。

　　其實崔述的學術命運並不像胡適等人當年所說的那樣悲慘，他所著的《考信錄》早就出現在當年學者幾乎人手一本的《書目答問》的

經部之上，[47]他本人的姓名也包括在該書所附的「國朝著述諸家姓名略」的「漢宋兼采經學家」之中，後者尤其表明學界對崔述成就的充分認可。大概新文化人受嚴復將故書束諸高閣這一主張的影響太甚，根本不看張之洞這樣落伍人士的書，所以才以為崔述一直不為人所知，需要他們來「重新發現」。胡適甚至以為是日本人於1903-1904年間標點刊印《崔東壁遺書》，「中國人方才漸漸知道有崔述這個人」。[48]

那正是胡適「暴得大名」之後大力提倡整理國故之時，他關於崔述「這樣一個偉大的學者」、崔著「這樣一部偉大的著作」在中國「竟被時代埋沒了一百年」這個說法影響了許多當時和後來不看《書目答問》之人；[49]且其影響很快又擴展到國外，最早認識到《古史辨》之革命性學術意義的美國漢學家恒慕義（Arthur W. Hummel）注意到，美國國會圖書館其實早就購存了刻於道光二年（1822）的《崔東壁遺書》，但他仍然接受了胡適的看法，認為崔述的著作被中國學人忽視達百年之久，「即使像梁啟超那樣目光銳利而深刻的學者也未曾注意及此」（在那時許多中國學人眼中梁啟超恐不以此見長），直到1921年才被胡適「重新發現」。[50]

恒慕義這位年輕的異國漢學家（指撰文時）不知有《書目答問》當然不足為怪，尤其美國漢學在當時西方漢學界尚不足道；但胡適無意中創作的這一迷思（myth）並不僅僅「迷惑」了一位美國漢學家，

47 路新生已注意及此，他據此認為「《考信錄》不僅在當時曾經流傳，且具有較大影響」。路新生《崔述與顧頡剛》，《歷史研究》1993年4期，75頁。

48 胡適：《科學的古史家崔述》，收《崔東壁遺書》，952頁。日本人使崔述之學得以傳承的說法大約由劉師培開其端，不過劉只說崔書「不顯」，遠不如胡適說得那麼絕對。關於崔述及其學術在中國學統中的命運我另有小文專考，此不贅。

49 胡適：《科學的古史家崔述》，953頁。

50 Arthur W. Hummel,「What Chinese Historians Are Doing in Their Own History,」原刊 *The American Historical Review*, 收入《古史辨》（二），442頁。

約半個世紀後，施奈德（Laurence A. Schneider）撰寫了一本頗具分量的《顧頡剛學傳》，仍認為崔述是所有顧頡剛重新表彰的學者中「最不為人所知」的一位（none had been more obscure than Ts'ui Shu）。[51]法國漢學家桀溺（Tean-Pierre Dieny）幾年前還說，崔述的《考信錄》在「19世紀的多次重梓幾乎無人注意，直到20世紀，那珂通世、胡適、顧頡剛在崔述身上發現『科學的史學』的先驅，他才聲名大著」。[52]今日海峽兩岸不少學者也還在不同程度地重複胡適創作出的崔述被國人長期「埋沒」的舊話。胡適當年以為，崔述「竟被時代埋沒了一百年，究竟不能不算是中國學術界的奇恥」。[53]而他創作出的迷思竟然又「迷惑」了中西學界近80年，我們現在讀胡適此語，究竟也不能不有些自感慚愧。

　　恒慕義將崔述的被「埋沒」視作近代中國因「中西痛苦的接觸所產生的忽視中國之精神錯亂的最佳例證」，[54]自屬別有體會。他自己所見美國國會圖書館購書的事實和胡適關於日本人幫助中國人「發現」崔述的言說確實都提示著「忽視中國」的竟然是中國人自己，而外國人反不那麼忽視中國，應能支持他的看法。在民初的中國，一些外國人提倡保存中國傳統「美好」的一面而中國人在尊西趨新的同時拼命反傳統的確是當時的常見現象。[55]恒慕義之所見雖然是建立在迷思的

---

51 Laurence A. Schneider, *Ku Chieh-Kang and China's New History: Nationalism and the Quest for Alternative Tradition*, Berkeley: University of California Press, 1971, p. 93.

52 桀溺：《崔述的立志歲月》，《法國漢學》第1輯，北京：清華大學出版社，1996，131頁。不知這裏是否有誤譯，因為一部「幾乎無人注意」的書何以會「多次重梓」，稍令人費解。如果沒有誤譯，這當然又是一個受胡適影響的漢學家。

53 胡適：《科學的古史家崔述》，953頁。

54 Hummel, "What Chinese Historians Are Doing in Their Own History," 《古史辨》（二），442頁。

55 參見羅志田《權勢轉移：近代中國的思想、社會與學術》，4-5頁。

基礎之上，因而並非歷史「真相」，倒也居然與當時中國真相的外部輪廓大致相符。

中國人自己「忽視中國」的現象，特別是胡適創作的迷思竟然能長期影響中國學界這一事實再次體現了近代中國學術傳統的中斷和國人歷史記憶的無意識改變，這一過程大致就完成於20世紀初期辛亥革命前後的一二十年間。《書目答問》從多數學者書架上消失（或被置於頂端、角落）最早不過是在辛亥革命前夕，而胡適因「暴得大名」而獲得廣泛的學術影響最晚不過辛亥革命後十年；一部目錄書的束諸高閣和一位學術領袖未經深入研究的言論可以對幾代學人的歷史記憶產生如此大的影響，足可以引起我們的深思。[56]

若將視線移向國外，則今日持後殖民主義觀念的學者也許會從此事例看出恒慕義雖然在意識層面反對「忽視中國」並努力為中國新史學鼓吹，其潛意識裏或不免仍存西方人見識高中國人一等的觀念，所以很容易接受外國人又在幫助中國人矯正「忽視中國」這一「精神錯亂」的迷思性言說。這樣看或也不無所見，但也應注意中國學者胡適創作的迷思同樣影響了幾代外國學者，說明他們在意識和下意識層面其實也相當尊重中國人所立之言，視之為不易之論（若不夠尊信便會去查書核對）；也就是說，中國學者的學術見解對他們實際上仍具有相當的權威性。

---

56 這當然主要是受胡適等人影響的趨新主流學界的情形，姜亮夫在20世紀20年代就讀於成都高等師範學校，上第一堂課時老師林山腴（思進）就吩咐每人買一部《書目答問》，林先生以為這是為學生治學「指路」（參見姜亮夫：《憶成都高師》，《學術集林》，卷二，上海：上海遠東出版社，1994年，271頁）。學統未斷很可能是從廖平到蒙文通、呂子方這些四川學者更加看重《山海經》而不以為不妥的一個潛在原因。同時，《書目答問》以前是作為「門徑書」而非工具書的，前者要認真讀，後者僅是「備查」而已。許多民國新派學者其實也還不時提到《書目答問》，但此書對他們而言已是備查之工具書，只是有的放矢地核查特定內容而非通讀，他們對書中的崔述能夠視而不見也就不難理解了。

　　從民初以來，中國學者常說什麼「漢學的中心在外國」，這在一定程度上確符合事實，然而民初西方漢學的情形也未必像許多國人認知中那樣了不得。早年的西方「漢學」從研究的領域、關注的問題、到運用的方法都有明顯的特點，與我們一般認知中西方的「中國歷史研究」其實相當不同；民初的中國學人因為有強烈的「預流」心態，並欲與西方漢學爭勝，自覺或不自覺地思其所思，所以看到差距而思趕超。若說到史學，在20世紀20-30年代，除日本在一些小的領域或稍領先外，外國的研究總體上並不特別領先於中國人的研究（這個問題太大，我近有專文探討）。《劍橋中國史》的總主編杜希德（Denis Twitchett）幾年前有一段概述二戰前西方中國史研究的話，值得全文引在這裏：

　　　　在「二戰」之前，西方並無有組織的中國歷史研究這一「行業」（profession）。與19世紀的情形一樣，那時在歐美大學中講授「中國研究」的約二三十位學者中，多數仍是退休的領事、外交官或傳教士。他們中大多數是在「東方學」（Oriental Studies）系或「東語」（Oriental Languages）系與聖經學者、阿拉伯學者、以及古典近東專家一起任教。即使在少數幾個有著長期中國學術傳統的大學之中，也並無有組織的中國研究「中心」。只有巴黎，因其有著從18世紀的耶穌會士開始就未曾間斷的學術大師持續存在，可以實實在在地稱為西方的漢學（sinology）中心。在美國，只有哈佛大學是認真開展〔漢學〕活動的中心，那最早也只是從19世紀20年代後期才開始，不過其哈佛燕京學社有一個很好的圖書館，並保持著與中國學術界的個人聯繫。沒有任何西方大學存在現代意義上的結構完善的中國研究專業的設置。在西方各大學，講授中國題目的主

要目的包括在為那些將赴遠東任職者的現代語言教育之中。沒
有任何大學設有專門的中國歷史講座教授職位。[57]

　　這段話出自今日西方著名中國史家之口，雖或不免有自謙的成
分，大體上是符合實際的。更值得注意的是，崔瑞德教授指出，那時
西方「任何希望成為〔與中國有關的〕職業學者的人會盡快奔赴中
國，在那裏找到好的老師對其進行培訓」。也就是說，當中國學者慨
歎漢學中心在外國時，西方學者卻到中國尋找良師以接受訓練。將此
情形與胡適言說對西方學界的長期影響力合觀，可以確證中國學者
（關於中國）的學術見解在西方其實還是長期具有權威性的。[58]

　　那時研究漢學的西方學者對中國學界的發展相當關注，他們對中
國學者的認識也常追隨中國學界的轉變而更易。吳宓於1931年2月24日
在巴黎訪著名漢學家伯希和，印象如下：「彼乃一考據家，尤頗有美
國人氣習。殆宓述王國維先生及陳寅恪君之名，又自陳為《學衡》及
《大公報・文學副刊》編輯，對宓始改容為禮。然謂李濟、顧頡剛等
皆中國第一流學者，則殊無辨擇之能力矣。宓晤漢學家（西人）既有

---

57 Denis Twitchett, *The Historian, His Readers, and the Passage of Time*, Taibei: Institute of History and Philology, Academia Sinica, 1997, pp. 3-4.

58 當然，二戰後情形已開始改變，與區域研究興起的同時，西方（特別是美國）大力發展中國研究，其中歷史研究到今日可以說在很多方面至少絕不落後於中國。今日西方中國史研究在資料建設的投入和學者利用資料的能力上與中國學人相比真可以說有天壤之別（美國人做博士論文通常是在全世界範圍內花一年以上的時間查閱和搜集資料，我們的史學博士生可以用於查閱資料的經費通常不足千元，連在國內選一個地方看資料都只能限制在很短的時間之內；而大學圖書館的購書經費更不能比），所以西方中國史研究決不像有些人認為的那樣僅僅長於「理論」和分析，而是在資料佔有上遠勝過我們一般的學者；如果我們不在這些方面急起直追，則中國史研究的中心不在中國用不了多長時間裏就很可能成為事實。

數人，雖佩其記誦考據之精博，心殊失望也。」[59]吳宓在文化理想上與當時居中國學界主流的胡適一派人有很大的歧異，對其向來觀感不佳，又先受到伯希和冷遇，所以他的看法或不免帶有偏見。但如果西人到中國尋找的良師也是不讀《書目答問》的一輩或一派，則其所受訓練自然也反映出中國學界的時代氣息，他們同樣也不會去看《書目答問》一類的書，這大概也是其能長期接受胡適觀念的一個原因吧。

再將視線轉回中國，舊學術傳統的中斷同時意味著新學術傳統的產生，第一代不看《書目答問》的學者引入了大量以前學者不看或不曾看的「新」論著，他們揚棄的固然不少，引進和發掘的也相當多。王汎森觀察到：「民國史學上許多創新性的解釋，大多是在過去傳統文化籠罩下的人所不能察覺，或甚至是所不敢說的」。在過去，舊禮教綱常觀念往往限制了歷史解釋的可能性，而新社會環境與新思潮帶來的「思想解放」使新史家得以「碰觸許多前人忽略的面相，並揭露一些先前不敢或不能揭露的部份」。[60]這一代學者給中國學統帶來的新眼光、新取向和新方法極大地突破了傳統學術的視野和研究方式，至今仍影響甚至可以說制約著我們的學術研究。

新引入的西學對中國學術的衝擊和促進並存，後者尤其有目共睹，不容忽視。同樣重要的是，恰在這些學者經常引為自豪的「新眼光」之下，過去許多正統學者不怎麼看或視而不見的大量「異端」讀物越來越多地走上學者的書架並佔據顯要的位置。儘管民初新派學者對《山海經》的態度各不相同，且其可用程度今日或許仍存爭議，但大概已沒有學者再懷疑其中保存了相當數量的上古史料。乾嘉時代開其端的學術多元化傾向能夠由潛流而變為主流，正拜民初思想解放帶

---

59 《吳宓日記》，第5冊（1930-1933），北京：三聯書店，1998年，196頁。
60 參見王汎森：《民國的新史學及其批評者》，66頁。

來的「新眼光」之賜，《山海經》的沉浮也就映照出了近代中國史學的演變歷程。

（原刊《中國社會科學》2001年1期）

大綱與史：民國學術觀念的典範轉移

　　在民國初年的中國學術界，胡適的《中國哲學史大綱》是開風氣之作，基本提供了一個相對全面的新學術典範，這是學界大致的共識。[1] 從今天的眼光看，胡適所為兼顧了繼往開來的性質：從胡適個人的學問講，他顯然是繼往的東西多；從胡適的時代言，則又是開來的成分重。當時學術上繼往部分超過胡適的比比皆是，而開來則無人能過之。不過，胡適最初是因提倡白話文而在社會上「暴得大名」，這並不意味著他同時在上層精英學術領域內已樹立起自己的地位。他在其任教的北京大學取得為許多學人所認可的領先學術地位，還經歷了一個曲折的過程。[2]

　　在這一方面，胡適並不如許多人想像的那樣立刻一鳴驚人。北大早期學生毛以亨回憶說，胡適到北大，「未曾一炮打響」。「胡先生在北大，於初到後數日，即於某晚在大禮堂講墨學，到者百餘人，反應不甚良好。我與傅斯年曾去聽講，回來覺得類於外國漢學家之講中國學問。曾有許多觀點，為我們所未想到，但究未見其大，且未合中國人之人生日用標準。胡先生後來在北大研究所，與馬敘倫同任中國哲學講〔導？〕師。馬氏擔任老莊，而胡氏則指導墨學。馬氏首言，欲

1　參閱余師英時：《重尋胡適歷程——胡適生平與思想再認識》，桂林：廣西師範大學出版社，2004年。

2　參見羅志田《再造文明的嘗試：胡適傳》，北京：中華書局，2006年，146-159頁。

講名法，不可不先講老莊，口若懸河，滔滔不絕。而當時之胡先生，口才亦不甚好，遂使研究員十六人中，十五人皆隨馬氏研老莊。當時哲學系，班長為趙健，覺得不好意思，乃聲稱願隨胡先生研墨經，藉以解圍。」[3]毛氏與胡不甚相得，晚年記憶，或有不精確處，但揆諸其它信息，此言與事實相去不會太遠。

不僅學生開始不甚歡迎，胡適還面臨著同事的挑戰。他在給一年級講中國哲學史時，就有先來的老師認為胡適不通。馮友蘭在1962年回憶他當年在北大哲學門上課時的情景說：胡適所發的講義名為《中國哲學史大綱》，教三年級中國哲學史的老師陳漢章在課堂上拿著胡的講義「笑不可抑」地說：「我說胡適不通，果然不通。只看他的講義的名字就知道他不通。哲學史就是哲學的大綱，現在又有哲學史大綱，豈不成為大綱的大綱？不通之至。」[4]

馮友蘭的這段回憶是要說明當時在「哲學史」課程上的新舊觀念轉換，他在此文中並敘述道，在陳漢章之前是陳黻宸講中國哲學史，「從前三皇、後五帝講起，每星期四小時，講了一個學期才講到周公。我們問他，像這樣講，甚麼時候可以講完。他說：『無所謂講完講不完，要講完一句話就可以講完。要講不完就是講不完。』」後來才是陳漢章「接著講，基本上就是《宋元學案》、《明儒學案》那一套」。到馮友蘭晚年所撰的回憶錄《三松堂自序》中，這兩個故事再次出現，原來所述二陳的話均在，僅文字小有歧異，而均隱其名。[5]

據另一個北大學生顧頡剛的回憶，陳漢章也曾教一年級的中國哲

---

3 〔毛〕以亨：《初到北大的胡適》，原載香港《天文臺》，承王汎森兄賜贈影本，特此致謝。

4 本段及下段，參見馮友蘭：《五四前的北大和五四後的清華》，全國政協文史資料委員會編：《文史資料選輯》，第34輯，4頁。

5 馮友蘭：《三松堂自序》，北京：三聯書店，1984年，200頁。

學史一課，仍是從伏羲講起，一年下來只講到商朝的《洪範》。而胡適則是丟開唐、虞、夏、商，改從周宣王以後講起，體現了非常不同的取向。[6]馮友蘭在1935年還講過一個故事，或者即是上面故事之一的另一個版本。他說：「我記得民國四年，沈兼士先生在北京大學講授中國哲學史，講了一學期的功夫，才講到周代。因為他的哲學是由遠古講起的。」胡適則不同，他「認為中國哲學是應該自『先秦時期』開始」。[7]這樣看來，在胡適以前講中國哲學史的，用一學期以上的時間來講周代之前的「哲學」，很可能是個共相。

馮先生認為，「從這些例子可以看出來，當時學者對於『哲學史』這門學問性質，是完全不瞭解」。他批評說：「當時的教授先生們所有的哲學這個概念，是很模糊的。他們看不出哲學和哲學史的分別」。陳黻宸之所言，或取禪宗義，其實禪宗式的哲學，不說話倒可以「講完」，開口反講不完。關鍵在於，「哲學史並不等於哲學，哲學史是歷史，歷史是非講不可的，不講別人就不知道。既然講，它總要有個開端，有個結尾」。他的結論是：哲學史可以有詳略，但它「不是哲學的大綱」。[8]對沈兼士和胡適的歧異，馮也有所評論，他說：由於「沈先生認為的中國哲學史的發創的時期比胡先生認為的較早，所以沈先生對於『先秦』以前的哲學以為仍有研究之必要」。馮自己是站在胡適一邊的，他主張「先秦以前並沒有哲學，那時確實沒有哲學思想產生，所以那時不應引起我們的注意或研究」。[9]

我們都知道馮友蘭和胡適在中國哲學史領域裏有許多不同甚至對

6　顧頡剛：《古史辨·自序》（一），36頁。

7　馮友蘭：《近年史學界對於中國古史之看法》，《三松堂全集》，第11卷，鄭州：河南人民出版社，1992年，284-285頁。

8　馮友蘭：《五四前的北大和五四後的清華》，4頁；《三松堂自序》，200頁。

9　馮友蘭：《近年史學界對於中國古史之看法》，284-285頁。

立的見解，而馮先生先後三次撰文，皆站在胡適一邊為其辯護，肯定其在哲學史領域的學術開創意義，老一輩人的學術風範的確令人佩服。對今日的學人言，哲學史不是哲學大綱應該是不成問題的；但對當時人來說，問題恐怕沒有那麼簡單。同時，馮先生支持沈兼士的理由似也不足以服人，因為中國何時有「哲學思想產生」這一判斷，只能建立在何謂「哲學」的基礎之上，而當時學界對這兩點其實都不無見仁見智之解。

「哲學」這個術語本非中國自產，而是從日本人那裏轉手來的西詞之譯名，早年國人也有譯成「智學」或「愛智學」等等的。中國既然長期無此術語，其實也可以說並沒有嚴格意義上的「哲學」。西方哲學最講究而須臾不可離的「存在（Being）」，中國傳統思想中便無確切對應的概念；即使有意思相近者，也不為中國思想家所特別重視到離不得的程度。中國文化本來自成體系，更完全可以不必有什麼「哲學」。

曾經多讀西方哲學著作的中國古代史專家傅斯年便認為，中國上古只有「方術」，到漢代始可言「思想」，卻從來沒有什麼「哲學」。他自稱在1922-1923年間留學歐洲時，「見到中國之大興國學、大談其所謂文化，思著一小書，姑名為『斯文掃地論』」。全書共四章，其中一章就名為「廢哲學」。[10]據傅斯年的看法，哲學是依附於語言特質的副產品，而漢語實非哲學語言，故周秦諸子不是哲學家。[11]

在1926年10月寫定的致顧頡剛信中，傅斯年明確表示「不贊成適之先生把記載老子、孔子墨子等等之書呼作哲學史。中國本沒有所謂哲學，多謝上帝，給我們民族這麼一個健康的習慣。我們中國所有的

10 《朱家驊、傅斯年致李石曾、吳稚暉書》，1927年5月16日，《傅斯年全集》，第7冊，101頁。
11 傅斯年：《戰國子家敘論》，《傅斯年全集》，第2冊，85-87頁。

哲學，盡多到蘇格拉底那樣子而止，就是柏拉圖也不尚全有，更不必論到近代學院中的專技哲學，自貸嘉、來卜尼茲以來的。我們若呼子家為哲學家，大有誤會之可能。……現在我們姑稱這些人們（子家）為方術家。思想一個名詞也以少用為是，蓋漢朝人的東西多半可說思想了，而晚周的東西總應該說是方術。」[12]這一看法他那時也曾對胡適說過：「中國嚴格說起，沒有哲學〔四字加圈〕（多謝上帝，使得我們天漢的民族走這麼健康的一路！），至多不過有從蘇格拉底以前的，連柏拉圖的都不盡有」，至於類似近代西方的學院哲學，「更絕對沒有」。[13]

傅斯年提出：「大凡用新名詞稱舊事物，物質的東西是可以的，因為相同；人文上的物事是每每不可以的，因為多似同而異。」他之所以用「方術家」或「方術論者」這個名詞來稱呼諸子，即「因為這個名詞是當時有的，不是洋貨」。從「《莊子・天下篇》至《淮南鴻烈》、枚乘《七發》皆如此稱，這是他們自己稱自己的名詞」。周秦諸子「大大多數是些世間物事的議論者，其問題多是當年的問題，也偶有問題是從中國話的特質上來的（恰如希臘玄學是從希臘話的特質出來的一樣），故如把後一時期、或別個民族的名詞及方式來解他，不是割離，便是添加」。他強調：「不用任何後一時期、印度的、西洋的名詞和方式」來處理中國思想言說是研究中國古代思想應該遵守的「教條」。[14]

在1927-1928年間中山大學的講義《戰國子家敘論》中，傅斯年

---

12 傅斯年：《與顧頡剛論古史書》，《傅斯年全集》，第4冊，473頁。

13 傅斯年致胡適，1926年8月18日，《胡適遺稿及秘藏書信》，耿雲志主編，合肥：黃山書社，1994年，第37冊，357頁。

14 傅斯年：《與顧頡剛論古史書》，473頁；《戰國子家敘論》，88頁；傅斯年致胡適，1926年8月18日，《胡適遺稿及秘藏書信》，第37冊，357頁。

更加詳細地論證了這一看法。他重申中國沒有西方意義的哲學,「漢士〔土?〕思想中原無嚴格意義的斐洛蘇菲〔philosophy〕一科,『中國哲學』一個名詞本是日本人的賤製品;明季譯拉丁文之高賢不曾有此,後來直到嚴幾道、馬相伯先生兄弟亦不曾有此。我們為求認識世事之真,能不排斥這個日本賤貨嗎?」子家討論的內容「在西洋皆不能算做嚴格意義下之哲學,為什麼我們反去借來一個不相干的名詞,加在些不相干的古代中國人身上呀!」因此,還是把「周秦漢諸子」稱作「方術家」更接近歷史真相。[15]

到1940年7月,時任職於中國文化基金會的朱家驊致函傅斯年,徵詢關於修改資助學科名稱及資助範圍增設國學一科之事,傅回信極力反對增設國學,並論及「哲學一科,自亦可有」,但「今日國內之哲學,要以有基礎者為絕少,胡言亂道而自命為哲學者則絕多」,實際上恐怕還不能算已形成一種規範的「學科」。若「一設此科,未必有補,而貴會徒然多事矣」。[16]傅斯年的用語較前已溫和得多,而意思仍很明顯:西來的「哲學」尚未在中國生根,遑論發展。這樣一種對當時中國治哲學者的認知,或者未必能得哲學學人的同意,但正是他以前哲學觀的自然延續。

諸子所論非「哲學」而實「方術」的觀念,其實與新文化人普遍接受的「還歷史以其本來面目」的觀念是一致的(當時的馬克思主義史家也基本接受這一觀念),提倡後者最力的胡適當然也就易於接受前者。而且胡適自己也是最不欣賞隨意使用「新名詞」的,[17]所以他很快接受了傅斯年的看法,漸多強調自己研究的不是「哲學史」而是「思想史」。胡適晚年自述說,「後來我總喜歡把『中國哲學史』改稱

---

15 傅斯年:《戰國子家敘論》,《傅斯年全集》,第2冊,88-89頁。
16 傅斯年致朱家驊,1940年7月8日,臺北中研院史語所藏「傅斯年檔案」。
17 參見羅志田:《再造文明的嘗試:胡適傳》,142-143頁。

為『中國思想史』」。這是有實據的，他原在撰寫的「中古哲學史」，到北伐後即正式改名為「中古思想史」。胡適更明確表態：「我個人比較喜歡用『思想史』這個名詞，那比『哲學史』〔更為切當〕」。[18]他自己也承認這是受傅斯年影響，指出正是傅斯年「不贊成用哲學史的名字來講中國思想，而主張用中國思想史的名字」。[19]

而胡適不久即體現出他比傅斯年更勇於「大膽的假設」。他於1929年6月3日在大同大學演講「哲學的將來」，認為「過去的哲學只是幼稚的、錯誤的或失敗了的科學」，故「只可在人類知識史與思想史上占一個位置」。他進而明確論及「哲學的根本取消」說：「問題可解決的，都解決了。一時不能解決的，如將來有解決的可能，還得靠科學實驗的幫助與證實。科學不能解決的，哲學也休想解決；即使提出解決，也不過是一個待證的假設，不足以取信於現代的人。故哲學自然消滅，變成普通思想的一部分。」於是「將來只有思想家，而無哲學家」。[20]

過去的「哲學」已成思想史，將來的「哲學」也會「變成普通思想」，這顯然是典型的傅斯年思路的發展。哲學系畢業也任教於哲學系的胡適竟然要「取消哲學」，其「大膽」和激烈又遠在傅斯年之上。值得注意的是胡適這裏討論的是普遍意義的「哲學」，而非傅斯年所說的具體時空內「周秦漢諸子」的思想。傅斯年雖然明確表示了對哲學的不欣賞（所以沒有「哲學」的中國才「健康」），但從他所說

---

18 唐德剛譯注：《胡適口述自傳》，上海：華東師範大學出版社，1993年，229、249頁。

19 胡適：《傅孟真先生的思想》，《胡適講演集》，臺北：中研院胡適紀念館，1970年，中冊，341頁。

20 《胡適的日記（手稿本）》，臺北：遠流出版公司1991年，第8冊，1929年6月3日（原書無頁），王汎森兄已注意及這一材料，他並從胡適當年書信日記中梳理出多條胡適在這方面受傅斯年影響的證據。參見其《傅斯年對胡適文史觀點的影響》，《漢學研究》14卷1期（1996年6月），191-192頁。

的哲學與語言的關係看,西方哲學是不至於「消滅」的。胡適常愛說
哲學是他的「職業」而史學是他的「訓練」,其實他受到的正式訓練
恰在西洋哲學,他對傅斯年思路的這一跨越時空的「發展」表明,他
的思維習慣仍更多是偏於「哲學的」而非「史學的」。

　　胡適在這裏討論的哲學與科學的關係,提示了新文化人當時的一
種隱憂,即哲學的一度風行已對科學的推廣產生了威脅。陳獨秀在
1920年春指出,「現在新文化運動聲中,有兩種不祥的聲音」,其中之
一就是「科學無用了,我們應該注重哲學」。[21]可知新文化運動當年
「哲學」也曾是一個有威懾力的新名詞,其威懾力首先當然因其是西
來的。但正如傳教士早年努力傳播過的西來「科學」後曾有力地威脅
到同樣西來的基督教一樣,西來的「哲學」如今也影響到了「科學」
的推行。[22]陳獨秀感到有必要強調:「哲學雖不是抄集各種科學結果所
能造成的東西,但是不用科學的方法下手研究、說明的哲學,不知道
是什麼一種怪物」;而「現在有一班青年,把周秦諸子、儒佛耶回、
康德黑格爾橫拉在一起說一陣昏話,便自命為哲學大家,這不是怪物
是什麼?」[23]

　　其實諸子之成為「哲學」,部分正因新派中國學人欲使中國學術
「科學化」,而努力從「傳統」中找「現代」的心態(此風今日猶
盛)所致;而「哲學」的風行,更與胡適的《中國哲學史大綱》直接
相關;所以陳獨秀指明這是新文化運動內部的觀念。傅斯年特意要辨
明中國無哲學,多半也是直指胡適,有明顯的針對性。陳獨秀雖未到

21　陳獨秀:《新文化運動是什麼》,《新青年》7卷5號(1920年4月1日),1頁(文頁)。

22　西來各事物相互影響其在中國的發展,正是「西方分裂」的明顯表徵,參見羅志田
　　《傳教士與近代中西文化競爭》,《歷史研究》1996年6期;《西方的分裂:國際風雲
　　與五四前後中國思想的演變》,《中國社會科學》1999年3期。

23　陳獨秀:《新文化運動是什麼》,《新青年》7卷5號,2頁(文頁)。

否認中國有「哲學」的地步，其論證則與傅斯年的言論相當接近。傅斯年更早在北大讀書期間，就曾上書校長蔡元培，認為「哲學與科學之關係長，而與文學之關係薄」；那些以為「哲學、文學聯絡最為密切，哲學、科學若少關係者，中國人之謬見然也」。[24]有意思的是，胡適曾經就是帶有傅所謂「謬見」的「中國人」之一，他早年在美國棄農學而轉入哲學，正欲「以文學發揮哲學之精神」。[25]不過到1929年的演講中，胡適的態度又轉為重科學而棄哲學了。

「文學」和「哲學」都是新文化運動中比較得意的學科，自己就在哲學門讀書的顧頡剛，在1921年致友人王伯祥的信中曾表示，「自知於哲學、文學都是不近情的」，故只願「做一個科學的史學者」。[26]他說出的選擇次序，提示著哲學與文學才是時人的首選，而史學則不很受看重。留學美國習史學的孔繁霱稍後也注意到，「新文化運動中，談經濟學、談社會學、談哲學、談文學，莫不風靡一時，而亦絕少談史學者」。其影響所及，「近年以來，我國士子留學海外者，稍知人生學科之重要，政治學也、經濟學也、社會學也、心理學也、哲學也，問津者漸漸有人。惟專治史學者，則全美不三數人」。[27]

顧頡剛覺得有必要向朋友解釋其學科選擇次序，含義殊深。梁啟超在1902年曾說，「今日泰西通行諸學科中，為中國所固有者，惟史學」。[28]到民初則趨新者多主動選擇非中國所固有的學科，朱希祖注意到，當北大史學門正式建立時，中國文學門「教員於新文學有慊者，大都改歸中國史學門」。文科學長陳獨秀希望朱希祖能到史學門作主

---

24 傅斯年書收錄在《蔡元培全集》，高平叔編，第3卷，194-197頁。

25 參見羅志田《再造文明的嘗試：胡適傳》，68-69頁。

26 轉引自顧潮、顧洪：《顧頡剛評傳》，南昌：百花洲文藝出版社，1995年，19頁。

27 孔繁霱：《與梁啟超討論中國歷史研究法》，《改造》，4卷8號（1922年4月），1頁（文頁）。

28 梁啟超：《新史學》，《飲冰室合集·文集之九》，1頁。

任，朱自己則有意「研究新文學」而「不願改入史學門」。[29]任何學科的發展離不開積累，哲學雖為時人新寵，畢竟學術積累不足，所以陳獨秀視為「怪物」而傅斯年指為「胡言亂道」。

反覆申說這麼多，當然不是要翻什麼案，否認或貶低馮友蘭敘述中胡適在中國「哲學」領域裏所起的劃時代作用；也不是說我們今日哲學系的中國哲學課可以取消（但文化體系不同，隨意用西方哲學概念或名詞套中國思想，恐怕多易造成「始亂終棄」的結局）；只不過希望重建時人關注所在的語境，藉以理解馮先生試圖說明的當時「中國哲學史」課程上的新舊觀念轉換，或有助於我們認識胡適在學術界所開風氣的寬廣。實際上，馮友蘭所主張的「哲學史」即「哲學之歷史」的意思，也是今日我們一般認可的，應該就是由胡適開始肯定下來的。

陳漢章當年拿著《中國哲學史大綱》取笑胡適，或不排除有新舊之爭或文人相輕的意思，但所透露的消息卻遠不止此。因為在「我說胡適不通」時，還只是一廂情願，或確有文人相輕的個人傾向之意。到了在課堂上拿著證據「笑不可抑」時，已肯定是真正覺得其「不通」了。可以說，在胡適之前的北大，「哲學史」三字當是一整體的概念，即「哲學的大綱」，而不是「哲學之歷史」的意思。所以我們切不可將歷史的電影片子倒著放，以為是陳老先生自己「不通」。

若回到當時的語境中，對陳漢章及其它與陳持同樣的觀念的學者來說，既然「哲學史」就是「哲學的大綱」，則其用一年的時間只講到《洪範》或周公，正無可厚非。過去中國人本認為中國文化精神以

---

29 朱希祖：《北京大學史學系過去之略史與將來之希望》，《朱希祖文存》，周文玖選編，上海：上海古籍出版社，2006年，329頁。當然，從學術的內在理路看，在新型的「六經皆史」趨勢下，史學部分失去自身獨立的學科認同，反呈被掩蓋之勢，也是一個應該考慮的因素，詳另文。

「三代」為最高境界，當然是主要講清三代就好。且陳氏等對西洋名詞「哲學」也是有體會的：歷代學人講「三代」，多因對現實有所不滿，以神遊曠古出之，但也恰好表述了立說者對人類社會的理想境界，與柏拉圖寫《理想國》的取向略同。那些被認為是三代之文的具體典籍固可能是後出，對典籍已出之後的古人來說，特別是對民初講舊學的人來說，其代表「中國哲學」之主要精神，卻不容否認。陳氏本非講「歷史」而是講「大綱」，自然注重主要精神蘊蓄之所在，而不必管是由什麼人在什麼時候所寫定。

而尚未主張「哲學消滅」時的胡適，之所以不講周宣王以前，恐怕也是覺得史料不可靠，卻未必就像馮友蘭所說的那樣認為當時沒有「哲學」。胡適在1921年說明他的「古史觀」是：「現在先把古史縮短二三千年，從《詩三百篇》做起。將來等到金石學、考古學發達上了科學軌道以後，然後用地底下掘出的史料，慢慢地拉長東周以前的古史。」[30]這意味著胡適的「截斷眾流」是開放性的，若以前的材料被證明可信時，也不排除其可用性。北大新派學生毛子水在討論用科學方法「研究國故」時，就把用《洪範》的材料作哲學史和用緯書的內容作孔子傳視為「比用三代鼎彝的款識來說三代的文字更不可靠」。[31]

---

30 胡適：《自述古史觀書》，《古史辨》（一），22頁。

31 毛子水：《國故和科學的精神》，《新潮》，1卷5號（1919年5月1日），737-738頁。有意思的是，毛子水對使用金文說三代持懷疑態度，認為不是「科學的精神」，可知他在這一點上傾向於章太炎的觀點。他又說：「現在有些人用明堂比傅議會，根據《山海經》來講學術史，說《太極圖》是夏鼎上的東西——這等的論斷，我覺得很不妥當」。對於以《山海經》及《楚辭》來考證殷王世系的王國維來說，《山海經》等書雖不免「謬悠緣飾」，其「所言古事亦有一部份之確實性」，不可「完全抹殺」（王國維：《古史新證》，52-53頁）。而《山海經》更是蒙文通論證中國上古區域文化的主要依據之一（參見《蒙文通文集》，第1-3卷）。如果說王國維和蒙文通都不免有偏「舊」的嫌疑（其實在學術上他們都不舊），毛氏的新派同學傅斯年也認為，就殷代歷史而言，《史記·殷本紀》的記載有不少錯誤，而《左傳》、《國語》的記

這雖不必一定是得自胡適的見解，多少提示了一些新派學人的共識。在「哲學」問題上得到馮友蘭辯護的胡適自己，其實有著與馮不甚同的看法。

這樣看來，馮友蘭意在強調哲學史的「歷史」性質，但他卻忘了用歷史的眼光來看問題。歷史不僅僅是有開端和結尾，它本身是一個發展的進程；考察歷史事物也應該「隨時隨地」，以同一時段同一地域裏的眼光來看待當時當地之事物（即傅斯年所提倡的不用後一時期或別個民族的名詞及方式來處理史事）。據馮友蘭自己的觀察，北大和清華在「教育界各自代表一種風格」，在「學術界也各自代表一種流派」。在哲學方面，北大哲學系注重「哲學經典的學習，注重哲學史的學習」，而清華則注重「哲學問題的分析和解決」；「在歷史學方面，北大注重在史料的搜集和考訂，清華著重在對於歷史事實的分析和評論」。[32]馮先生雖出身北大，卻長期在清華任教，看來還是多受他眼中清華學風的影響。他無意中以後出之義來評判先前之事，足證其到底還是更偏於「哲學」，而不夠「歷史」（就像胡適比傅斯年更偏於「哲學」而不夠「歷史」一樣）。

附帶地說，某一「學」與「學史」之間關係或定義問題在民初並非哲學領域所獨有。前引梁啟超所說和劉師培所為，提示著由於史學為中國所固有，相對較易修習和從事，結果清季民初各新學術門類一開始似都有與史學掛鉤的情形，無意中仍走入史學一途，「哲學大

載又過度倫理化，它們的史料價值反低於像《山海經》和《楚辭・天問》那樣帶有神秘色彩的古籍（傅斯年遺稿《中國上古史與考古學》，藏臺北中研院史語所「傅斯年檔案」，轉引自王汎森先生待刊稿）。可知當時對學術研究在「眼光」上的「突破」新舊俱有，而趨新的毛子水多不接受，他基本繼承了過去讀書人視《山海經》為不可信之「異端」的觀念，這又從一個側面提示了當時新舊人物及其學術觀念有著明顯的錯位。（參見本書《〈山海經〉與近代中國史學》）

32 馮友蘭：《五四前的北大和五四後的清華》，1、11頁。

綱」成為「哲學史」很可能也是這同一路徑的副產物。1918年北大中國文學門教授會即曾專門重新確定「文學」和「文學史」的講授方法和內容，他們主張「文學史在使學者知各代之變遷及其派別」，而「文學則使學者研尋作文之妙用，有以窺見作者之用心，俾增進其文學之技術」。[33]北大文學門創設已好幾年，此時仍在著力於界定「文學」和「文學史」的範圍，提示著這個學術典範問題在當時帶有一定的普遍意義。

實際上，此後大綱即史的學術觀念仍在傳承，新派的鄭振鐸到20世紀20年代後期寫囊括古今中外的《文學大綱》（近已再版），洋洋80萬言，其實就是《世界文學史》（當時的新派認為「新文學」本身就是世界的，所以「世界」這一定語就不必要了），但仍用「大綱」為名，尤可反證當年「大綱即史」是相對普遍的認知，曾為新舊雙方所接受。

（原刊《歷史研究》2000年1期）

---

33 《國文學門文學教授案》，《北京大學日刊》，第1分冊，1918年5月2日，2版。轉引自劉龍心《學科體制與近代中國史學的建立》，收入羅志田主編《20世紀的中國：學術與社會（史學卷）》。

史料的儘量擴充與不看二十四史[*]
──民國新史學的一個弔詭現象

　　章太炎在1924年指出，當時的史學有五項弊端：一曰尚文辭而忽事實、二曰因疏陋而疑偽造、三曰詳遠古而略近代、四曰審邊塞而遺內治、五曰重文學而輕政事（詳後）。到1933年，太炎復在江蘇省立師範學校講《歷史之重要》，強調當時為學之弊、不可盲從者二端，即講西洋科學不依一定之軌範，而故為荒謬之說、恣為新奇之議論，結果形成「空談之哲學」和「疑古之史學」。特別是「講史學者喜考古史，有二十四史而不看，專在細緻之處吹毛求疵」。[1]

　　約二十年後，顧頡剛在1945年總結民國史學的成績為六方面：「一、考古學和史前史的研究，二、中外交通史和蒙古史研究，三、

---

* 本文初稿曾在「邁向新學術之路：學術史與方法學的省思」研討會（臺北中研院史語所1998年10月22-24日）上陳述，並收入會議論文集《邁向新學術之路》（中研院史語所，1999）。但那篇文章因為個人的特殊原因，是在非常短的時間裏倉促寫成，且為遵守會議規定的字數限制（一萬字），許多問題只是點到為止，未能充分展開論證。此後讀了更多相關材料和新近的研究（特別要感謝顧潮女士、王汎森先生和陳以愛小姐饋贈大作，劉龍心小姐提供資料），覺有增訂修改的必要，乃決定重寫。新稿的立意和基本論旨未變，但在材料和論述方面作了大量增補，結構方面也有較大調整，篇幅超過原稿一倍以上。

1 章太炎：《救學弊論》，《華國月刊》，1卷12期（1924年8月15日），10-12頁（文頁）；《歷史之重要》，《制言》第55期，轉引自湯志鈞編《章太炎年譜長編》，北京：中華書局，1979年，下冊，930-931頁。按太炎原意更多是指責時人專意於探討「文獻不足徵」的上古而不研究有「正史」可據的歷史，本文借其語彙而概括民國新史學的現象，不完全是章氏本意，特此說明（實際上，居二十四史之首的《史記》就包括上古內容，故兩者也並非嚴格「對立」）。

敦煌學的研究，四、小說、戲曲。俗文學的研究，五、古史的研究，六、社會史的研究。」他隨後將考古學和敦煌學列入《新史料的發現和研究》這一大部分中，同時另分五章介紹其餘成績，但指出：「這六項當中，社會史的研究成績較少」，故不單論。而將古史一章名為《古史的研究與〈古史辨〉》，特別揄揚其「疑古」傾向對史學的衝擊和貢獻。[2]將章、顧二人的見解稍作對比可以看出，在基本去掉「社會史的研究」後，顧氏所見的「成績」幾乎等同於章氏所見的「弊端」。

也就是說，章太炎在1924年指為「弊端」的現象一直在發展，所以才有顧頡剛二十年後大致相同但褒貶迥異的總結。如果暫置其褒貶於不顧，他們所見的應即是當時中國新史學的發展態勢。實際上，這一史學發展趨勢後來仍在繼續。就是在1949年後馬克思主義史學全據正統的幾十年間，中國大陸的史學發展大致未離這一趨向。如果不計史觀方面的演化，除了現在已存爭議的「五朵金花」（如古史分期問題和農民戰爭問題等）和近代史領域著述激增這兩點，20世紀後半葉中國大陸史學在研究實踐層面比較能持久的「成績」，大體不出顧頡剛所論的領域（此僅就其大者而言之）。今日大陸史學權威總結百年史學發展的進步一面，與顧頡剛所見實甚相類。[3]

昔柳詒徵論周末學術分裂說：「歷史事蹟，視人之心理為衡。欵為道術分裂，則有退化之觀；詡為百家競興，則有進化之象。故事實不異，而論斷可以迥殊。」[4]此處所引章、顧二人論斷之異，也大致

2 顧頡剛：《當代中國史學》之目錄和引論，瀋陽：遼寧教育出版社，1998年，目錄和引論均未分頁。

3 參見戴逸：《世紀之交中國歷史學的回顧與展望》，《歷史研究》1998年6期。戴、顧二位的具體側重當然大有異趣，但顧所揄揚者基本仍在戴先生表彰之列。

4 柳詒徵：《中國文化史》，上海：上海東方出版中心，1996年，218頁。

出於對同樣事實的觀察，恰揭示出當時新舊史學見解歧異之所在。在新派基本掌握「話語權勢」的20世紀，章太炎多少屬於「失語」的一邊，所以他的觀察在當時不為新派所注重，而舊派則不時掛在口上。[5]值得思考的是，這一觀察似也甚少受到後之治學術史者的注意。本文僅就北伐前後史學研究取向中「史料的廣泛擴充」與「不看二十四史」並存這一弔詭性現象略作探索。

「不看二十四史」的現象與一度成為民初史學主流的疑古傾向有直接的關聯。徐炳昶（旭生）觀察到：從新文化運動到1949年間，以《古史辨》派為大本營的「疑古學派幾乎籠罩了全中國的歷史界」。雖然在疑古學派初盛時，已有「一部分的學者對於他們某部分的不贊成，不肯隨聲附和」，但因「當日在各大學中的勢力幾乎全為疑古派所把持」，反對者未能產生多大力量。[6]徐氏自己是不在疑古主流之中的，他對北伐後唯物史觀派的影響或有些低估，[7]但這一觀察大致不差。主張「瞭解之同情」的陳寅恪在1931年就認為：「今日國雖倖存，而國史已失其正統。」但懷疑派已形成所謂「話語權勢」的控制力量，使未曾「預流」者不得不自我禁抑；陳氏後來即慨歎其「論學

5　如抗戰時金陵大學文學院在成都辦的《斯文》半月刊中，便不時提到章太炎這篇文章。

6　徐旭生：《中國古史的傳說時代》（增訂本），23、26-27頁。徐氏進而指出：即使到1949年後，唯物方法已被接受為「最高軌範」，疑古思想仍「藏蔽於〔學者〕思想的深處以隱隱作祟」，史學界仍是「極端疑古思想在那裏隱隱統治」。這裏的「隱隱統治」一語頗道出疑古思想那不言的餘威，尤其在20世紀50年代「對於胡適思想的批判已經在各處大規模地展開」之後仍然如此，是非常值得注意的現象。這似乎提示著當時學界無形中仍有其相對獨立的衡量標準，並未完全趨從於政治威權的提倡或干預。

7　身居主流的顧頡剛則明顯感到唯物史觀的強烈衝擊，他在1933年已感覺到「近年唯物史觀風靡一世」的壓力。參《古史辨》（四）的《顧序》，1982年影印（下引各冊同），22頁。

論治，迥異時流，而迫於事勢，噤不得發」。[8]

　　章太炎認為，疑古派其實是「因疏陋而疑偽造」，遂至「以一端小過，悉疑其偽。然則耳目所不接者，孰有可信者乎？百年以上之人，三里以外之事，吾皆可疑為偽也」。他在1933年進一步指斥胡適為代表的新派說：「今日有為學之弊，不可盲從者二端，不可不論。夫講西洋科學，尚有一定之軌範，絕不能故為荒謬之說。其足以亂中國者，乃在講哲學講史學，而恣為新奇之議論。」他特別注意到，「今之講史學者，喜考古史，有二十四史而不看，專在細緻之處吹毛求疵，此大不可也。……夫講學而入魔道，不如不講。昔之講陰陽五行，今乃有空談之哲學、疑古之史學，皆魔道也。必須掃除此種魔道，然後可與言學。」[9]

　　在太炎看來，這些弊端也是前有淵源的。他注意到：「識字者，古之小學，晚世雖大學或不知；此在宋時已然。」章氏本主張「學問不期以廣博，要以能讀常見書為務」。宋人尚能讀常見書，若明清大儒，已多不讀揚雄的《法言》（有意思的是早有人認為揚雄專識奇字而不識常見字）。要到惠棟、戴震而下，「誦覽始精。有不記必審求之，然後諸考辨者無記誦脫失之過」。但樸學家外粗略者尚時有，章學誠對於《漢書·藝文志》就未認真讀，更因其所誤而「發抒狂語」，也是不讀常見書的一例。到晚清更因當道的翁同龢「喜談公羊而忘其它經史」，潘祖蔭「好銅器款識而排《說文》」；復由於康有

8　陳寅恪：《吾國學術之現狀及清華之職責》，《金明館叢稿二編》，上海：上海古籍出版社，1980年，317頁；《讀吳其昌撰〈梁啟超傳〉書後》，《寒柳堂集》，上海：上海古籍出版社，1980年，149-150頁。

9　章太炎：《救學弊論》，11頁（文白）；《歷史之重要》，《制言》第55期，《章太炎年譜長編》下冊，930-931頁。按章太炎原不甚與胡適等後輩一般見識，其開始重視胡適學術觀點時，卻已是胡自己也已處衰落、其治學觀念也有所轉變之時了（詳另文）。

為、梁啟超「謂群經皆新莽妄改，謂諸史為二十四部家譜。既而改設學校，經史於是乎為廢書」。民國後「適有佻巧之師，妄論諸子，冀以奇勝其儕偶。學者波靡，舍難而就易，持奇詭以文淺陋。於是圖書雖備，視若廢紙。」[10]

其實史學還是中國學問中發展相對成功者，如梁啟超1902年所說，「今日泰西通行諸學科中，為中國所固有者，惟史學。」[11]故清季民初史學一度居中國學術的中心地位[12]，其它西來學科早期似都有與史學掛鉤的情形，如國人心目中最初的「哲學大綱」，實即哲學史的意思。[13]

由於史學為中國所固有，較易學習和從事，結果各新學術門類無意中仍走入史學一途。哲學成為哲學史，其實也是一種不同類型的新「六經皆史」。本來從章學誠的「六經皆史」說到章太炎的新「六經皆史」說，觀念在不斷發展，六經正可大量用為史料，也有不少人在這麼做。熊十力在1948年說：「在五四運動前後，適之先生提倡科學方法，此甚要緊。」蓋其使後之青年「皆知注重邏輯，視清末民初，文章之習，顯然大變。但提倡之效，似僅及於考核之業。」其結果，「三十餘年來，六經四子幾投廁所，或則當做考古資料而玩弄之」。[14]熊氏所見的現象與早年的「大綱即史」正復相類，這就從又一個側面說明新學術在很大程度上確實未能跳出老框框。

---

10 章太炎：《救學弊論》，1-6頁（文頁）。

11 梁啟超：《新史學》，《飲冰室合集·文集之九》，1頁。

12 參見羅志田：《清季民初經學的邊緣化與史學的走向中心》，收入其《權勢轉移：近代中國的思想、社會與學術》，302-341頁。

13 參見羅志田：《大綱與史：民國學術觀念的典範轉移》，《歷史研究》2000年1期，已收入本書。

14 熊十力：《紀念北大五十週年並為林宰平先生祝嘏》，《國立北京大學五十週年紀念特刊》，北京：北京大學出版部，1948年，30、28頁。

　　進入民國後，「六經皆史」的觀念更進一步發展到把過去的文字記錄全部看作歷史材料。章學誠已提到「凡涉著作之林皆是史學」的觀點，胡適則對其進行「現代解釋」，以為「其實先生的本意只是說一切著作都是史料」。「史」與「史料」的差別當然很大，[15]但時人恰特別強調這一點。梁啟超在稍後（幾乎同時）也說，中國古代遺留下來的可歸入史部的各類文字記錄，「拿歷史家眼光看來，一字一句都藏有極可寶貴的史料。又不獨史部書而已，一切古書，有許多人見為無用者，拿他當歷史讀，都立刻變成有用。章實齋說『六經皆史』，這句話我原不敢贊成；但從歷史家的立腳點看，說『六經皆史料』，那便通了。」由此類推，所有文字記錄也皆史，「也可以說諸子皆史，詩文集皆史，小說皆史」，都「和史部書同一價值」。[16]

　　「六經皆史」說因「歷史的眼光」而改為「六經皆史料」，便從不通到通、從無用變有用，最足以說明經學在民國的衰落；乾嘉時章學誠說「六經皆史」是想提高史學的身價，而到民國則是已經被「許多人見為無用」的六經因史學而增高其價值，變為有用。過去的「史」或「史學」本附載有各種社會角色、政治功能和思想含義，一旦變為「史料」，這些附著的意義基本都不復存在。傅斯年說：「國故的研究是學術上的事，不是文學上的事；國故是材料，不是主義」。他針對的是「一切以古義為斷」的「大國故主義」，[17]其實已暗示著在古書「上升」為材料而「有用」時，「古義」卻隨之而去。「一切古

15　參見王汎森：《民國的新史學及其批評者》，收入羅志田主編：《20世紀的中國：學術與社會（史學卷）》，42頁。

16　梁啟超：《治國學的兩條大路》，《飲冰室合集‧文集之三十九》，111頁。胡適的《章實齋年譜》出版於1922年，梁啟超這次演講是在1923年1月，不排除梁是受胡影響。

17　傅斯年：《毛子水〈國故和科學的精神〉附識》，《新潮》，1卷5號（1919年5月1日），744頁。這裏「學術」和「文學」的區別也很值得注意。

書」既然變成研究的對象，遂不再有高下之別。[18]

經史以及「一切古書」的確有些像陳獨秀所說是「一家眷屬」，它們之間隱存難以分離的多重聯繫。六經皆史延伸為凡文字記載皆史料後，民國史家中即使以「六經」為史料而認真研讀者也呈越來越少之趨勢，經學的邊緣化無疑是不讀經的原因之一，其它因素的影響也不可忽視。[19]無人讀六經的趨勢到後來便發展到「有二十四史不看」的程度，專向經史典籍以外尋找材料。廣尋史料這一趨向雖然從宋代特別是清代乾嘉時就已存在，到民國時更得到充分的發展。[20]但擯棄正史而不讀，卻是一個嶄新的現象。不讀常見書如章太炎所說遠及宋明，近則大約可溯源到康有為與梁啟超；而胡適、顧頡剛、王國維（他們本身尚屬讀「六經」者）以及陳垣也從不同的側面不同程度地對此傾向起過直接間接的推波助瀾作用，是很值得思考的。

民初史家都特別注重史料，但何者為有用史料，新舊學人卻漸有

---

18 參見羅志田：《清季民初經學的邊緣化與史學的走向中心》；王汎森《民國的新史學及其批評者》。

19 有意思的是，由於懷疑派上承經學中的疑經觀念，且其所治多在上古，所以他們使用的材料反倒以傳統經典為主，大體仍屬於「六經皆史」派。他們另一點與傳統學術路向接近的是他們其實並不怎麼使用地下材料（雖然顧頡剛開發了民俗史料這一園地，後又轉向歷史地理）。而且，由於疑古派的影響，許多試圖反對疑古之人，也必須迴向原典以駁斥疑古新見，這在客觀上同樣促進了史家閱讀經典的趨向。

20 擴充史料這一取向在中國淵源甚早，汲冢出土的史料早已被古人用作證史的依據，宋人治史也主張官書與私家著述並用，清代乾嘉學人更已將史料範圍擴張得甚寬，清季以來也多有以各種東西為史料的思想。傅斯年所說的「史學就是史料學」一語，在某種程度上可說是當時新老史家的共識。新人物且不說，就是被人認為對新史學負隅頑抗的舊派陳漢章，在其《史學通論》中所列「史料」範圍，就不僅包括所有出土文物、甲骨、敦煌資料，更有「動植物產、地質礦石、飲食沿革、衣服變遷」，以至「語言傳說方音」、古今中外遊記，無一不是史料。這些材料中的許多，我們也不過是近年才有比較嚴肅認真的使用，卻早已見諸民初舊人物的論述，可知史料擴充取向在那時的風靡一世。

較大的分歧。[21]顧頡剛在1922年說：研究歷史「總要弄清楚每一個時代的大勢，對於求知各時代的『社會心理』，應該看得比記憶各時代的『故事』重要得多。所以我們應當看諺語比聖賢的經訓要緊，看歌謠比名家的詩詞要緊，看野史筆記比正史官書要緊。為什麼？因為謠諺野史等出於民眾，他們肯說出民眾社會的實話；不比正史、官書、賢人君子的話，主於敷衍門面。」所以，要說明漢代人的思想，「對於獨具隻眼的《論衡》可以不管，而荒謬絕倫的緯書卻不能不取」。[22]

　　這樣的史學觀念當然意味著實際可用史料的大量擴充，而其重各時代的「社會心理」甚於同時代的「故事」的見解尤其呈現出新人物治史的睿見。這裏特別值得注意的是顧頡剛認為正史官書不過在「敷衍門面」，而真正能說實話能反映各時代「社會心理」的材料只能「出於民眾」。有此見解，重視過去處於邊緣甚或異端的材料便是自然的發展。從這一主張可見其與20世紀最初幾年國人喊得很響的「民史」或「群史」觀念的傳承關係，同時也充分反映出一種從邊緣重寫歷史的傾向，[23]既體現了當時新史學創建性的一面，從今日的後見之明看也不免失之稍偏。

---

21 參見王汎森：《什麼可以成為歷史證據——近代中國新舊史料觀點的衝突》，《新史學》8卷2期（1997年6月）。

22 顧頡剛：《中學校本國史教科書編纂法的商榷》，《教育雜誌》，臺北：商務印書館，1975年影印，14卷4號（1922年4月），19662頁（影印版頁）。

23 梁啟超和吳稚暉在清季皆已表述過相當典型的「邊緣勝於正統」觀，梁謂：「雜史、傳志、札記等所載，常有有用過於正史者。何則？彼等常載民間風俗，不似正史專為帝王作家譜也。」梁啟超：《新史學》，《飲冰室合集·文集之九》，5頁。吳更說：「中國人之思想，從春秋戰國之時非常發展，忽遭專重儒術之障害，二千年文明停滯不進，所以中國人之腦中，常有古勝於今之謬誤。然不知普通人之思想雖遭杜過，而離奇不成片段之心思，未嘗不散見於畸人、逸士、山林盜賊、江湖賣技者之中。」吳稚暉：《書神州日報〈東學西漸篇〉後》（1909年），收入其《國音、國語、國字》，臺北：傳記文學出版社，1970年，45頁。不過，顧頡剛有此見解是無意中接受了清季觀念影響還是在民國新思潮蕩滌下產生出類似想法，尚待考證。

　　胡適在稍後的《國學季刊發刊宣言》中繼續提出：「廟堂的文學固可以研究，但草野的文學也應該研究。在歷史的眼光裏，今日民間小兒女唱的歌謠，和《詩》三百篇有同等的位置；民間流傳的小說，和高文典冊有同等的位置；吳敬梓、曹霑和關漢卿、馬東籬和杜甫、韓愈有同等的位置。」雖然「近來頗有人注意戲曲和小說了，但他們的注意仍不能脫離古董家的習氣。他們只看得起宋人的小說，而不知道在歷史的眼光裏，一本石印小字的《平妖傳》和一部精刻的殘本《五代史平話》有同樣的價值。」總之，「過去種種，上自思想學術之大，下至一個字、一隻山歌之細，都是歷史，都屬於國學研究的範圍」。[24]胡適這篇文字是代表群體的陳述，所以比較強調正統和異端的平等，比顧頡剛明確重邊緣輕中心的觀念顯得更為穩健溫和。

　　顧氏自己在為北大《國學門周刊》所作的《一九二六年始刊詞》中，也強調「歷史的觀念」和「學術平等的觀念」，提出「凡是真實的學問，都是不受制於時代的古今，階級的尊卑，價格的貴賤，應用的好壞」而是「一律平等的」。故「在我們的眼光裏，只見到各個的古物、史料，風俗物品和歌謠都是一件東西，這些東西都有它的來源，都有它的經歷，都有它的生存的壽命；這些來源、經歷和生存的壽命都是我們可以著手研究的」。[25]這一次顧頡剛是特別針對時人「蔑視」民俗和歌謠材料的態度而立說，故主要強調「學術平等」，不像他在1922年的表述那樣為了矯枉而明顯更偏重過去被視為異端或處於邊緣的材料，但為了矯枉而不惜過正的史料觀仍越來越得到正面的提倡。

　　胡適在北伐後系統陳述他的文學史觀說：中國文學史上代表一個時代的文學，「不該向那『古文傳統史』裏去尋，應該向那旁行斜出

24 胡適：《國學季刊發刊宣言》，《胡適文存二集》，卷一，13-14頁。
25 顧頡剛：《一九二六年始刊詞》，《北京大學研究所國學門周刊》，2卷13期（1926年1月6日），1-2頁。

的『不肖』文學裏去尋。因為不肖古人,所以能代表當世!」[26]既然「旁行斜出」成了時代的代表,所有各具體時代處於邊緣的文學家就搖身一變而成了「正宗」。鄭振鐸後來在《中國俗文學史》中進一步呼應了這一觀念:

> 有三五篇作品,往往是比之千百部的詩集、文集更足以看出時代的精神和社會的生活來的,他們是比之無量數的詩集、文集,更有生命的。我們讀了一部不相干的詩集或文集,往往一無印象,一無所得,在那裏是什麼也沒有,只是白紙印著黑字而已。但許多俗文學的作品,總可以給我們些東西。他們產生於大眾之中,為大眾而寫作,表現著中國過去最大多數的人民的痛苦和呼籲,歡愉和煩悶,戀愛的享受和別離的愁歎,生活壓迫的反響,以及對於政治黑暗的抗爭;他們表現著另一個社會,另一種人生,另一方面的中國,和正統文學、貴族文學、為帝王所養活著的許多文人學士們所寫作的東西里所表現的不同。只有在這裏,才能看出真正的中國人民的發展、生活和情緒。[27]

可以看出,胡適等人治文學史的方法,實際是一種倒著放電影片然後重新剪輯的方法;即先把所謂「古文傳統史」劃出去,再把歷代的邊緣文學串起來作為正統,然後據以否定歷代文人自認的正統。其要點就在於自說自話,基本不承認歷代當時的主流,也不必與之對

---

26 參見胡適:《白話文學史》,上卷,北京:東方出版社,1996年橫排新版,「引子」3頁。

27 鄭振鐸:《中國俗文學史》,上海:上海書店,1984年,20-21頁。轉引自王汎森《民國的新史學及其批評者》,86-87頁。

話。這一研究取向的長處在於能注意到昔人視而不見的材料，其實也是一種史料的擴充，不過已帶有明顯的傾向性：鄭氏雖然指出文學作品中其實存在兩個「方面」的中國，其邏輯發展應是新派學者自己提倡的正統與異端「平等」而非重此輕彼；但「只是白紙印著黑字而已」的千百部詩集文集卻不如俗文學的「三五篇作品」，正統的崩潰是再明顯不過，而研究者意識層面的傾向性也已昭然若揭。若將其從文學史移向整體的史學，則有二十四史而不看便是自然的發展。

　　「史料的廣泛擴充」這一取向在民初北大研究所國學門的各項學術努力中已有非常明確的體現，但國學門雖起著開風氣的作用，實際研究的成就卻有限。如傅斯年後來所說：北大這一研究機構雖「在中國歷史最久」，但「與北大他事皆同，即每每為政治之犧牲品，旋作旋輟」；若「論其成績，史料整理第一」。不過，國學門的具體成績雖不甚大，「然其tradition猶在」，留下了特定的治學「傳統」。[28]後來的清華國學院因為師資雄厚，在具體的學術影響上和後來的學術史研究上都更顯著。北伐後設立的中央研究院歷史語言研究所在很大程度上繼承了這兩個機構的治學風格，[29]同時也因創始人傅斯年那句有名的「史學就是史料學」而更凸顯其特色。

28　傅斯年致杭立武，1939年5月17日，藏臺北中研院史語所「傅斯年檔案」，承杜正勝所長惠允使用（以下史語所各檔案皆同）。

29　我在本文初稿中未曾提到北大國學門的作用，而主要論述清華國學院與中研院史語所的學術關係，近讀陳以愛小姐的《中國現代學術研究機構的興起──以北京大學研究所國學門為中心的探討》（臺北政治大學，1999年）一書，則史語所的許多治學取徑都曾在北大國學門中得到提倡，故應充分肯定國學門的篳路藍縷之功。不過，從研究人員的構成看，史語所還是繼承清華國學院更多，國學院初期五位教師中少壯而留過洋的三位，即陳寅恪、趙元任、李濟，便悉數被傅斯年網羅。雖然有人說傅是「北大派」，但他自己在1939年曾指出：史語所中清華留美之人不少，而「研究員中，今無一人出身北大，弟『北大派』之實際如此」。傅斯年致朱家驊等，1939年7月7日，臺北中研院史語所「傅斯年檔案」。

　　過去的學術史研究特別注重王國維提出的「二重證據法」，其實
當時任清華國學院講師的李濟恐怕對實際研究的影響還更大，特別是
在地下證據由文字向實物轉換這方面，李氏的劃時代影響無人能及。
從徐中舒等人治學的變化可以看出，[30]從王國維到李濟這一路向的發
展後來基本落實在史語所（包括一些後來離開史語所的學者）。其餘
各大學——包括很早就成立了考古學會的北京大學——的史家也甚少
認真而有效地運用這一方法。

　　王國維自己界定他提倡的「二重證據法」說：對於古史材料，應
作「充分之處理」，也就是據「地下之新材料」以「補正紙上之材
料，亦得證明古書之某部分全為實錄。即百家不雅馴之言，亦不無表
示一面之事實。」他解釋其對古史材料的「處理」方法說：「雖古書
之未得證明者，不能加以否定；而已得證明者，不能不加以肯定。」
問題在於，古書已得證明的畢竟是少數，對未得證明者，是信還是不
信？王國維自己的回答是「經典所記上古之事，今日雖有未得二重證
明者，固未可以完全抹殺也」。[31]這些話正是針對極端疑古的傾向而
發，其《古文新論》在第一章《總論》之後的第二章就是《禹》，專
論禹的存在，頗能說明其態度。[32]

　　不過，王國維在態度上雖然反對極端疑古，但其關於史料「處

---

30 關於徐中舒受王國維和李濟的不同影響，參見陳力：《徐中舒先生與夏文化研究》，
　　收杜正勝、王汎森主編：《新學術之路：中央研究院歷史語言研究所七十週年紀念
　　文集》，臺北：中研院史語所，1998年，319-329頁。

31 王國維：《古文新證》，收入《古史新證》，2、52-53頁。

32 王國維顯然反對「疑古之過，乃並堯、舜、禹之人物而亦疑之」的做法，並直接針
　　對顧頡剛懷疑禹的存在說：「自堯典、皋陶謨、禹貢皆記禹事，下至周書、呂刑亦
　　以禹為三後之一，詩言禹者尤不可勝數，固不待藉他證據。然近人乃復疑之」，他
　　舉出秦、齊兩銅器皆提到禹來證明「春秋之世，東西二大國無不信禹為古之帝王，
　　且先湯而有天下也」（《古文新證》，2、6頁）。參見王汎森《民國的新史學及其批評
　　者》，64-65頁。

理」這樣一種極有分寸的嚴謹表述與民初的激進語境實不相合。自從梁啟超提出立說當以比原意「過兩級」的方式表出然後可得其所望結果這一主張後，新文化運動那一代人紛紛傚仿，[33]結果溫和穩健而恰如其分的表述通常都影響不大（這可與傅斯年所說的「史學就是史料學」相比較，傅其實也是故意說得過分些，結果雖然正面負面反應俱有，但影響就非常大）。王國維後面那一句不「完全抹殺」的追加界定，遠不如前面所云據「地下之新材料」以「補正紙上之材料」一句引起人們的注意。紙上材料要靠地下「新」材料的補正其實暗示著紙上材料本身的不足據，結果本意反對疑古的王至少間接支持了疑古派。重要的是，在實際研究中對於未經地下材料證明的「古書」是用還是不用？若此類材料不能用，則有多少古籍可用？若不能信而用，怎麼用？僅僅是「不否定」和不「完全抹殺」，顯然遺留下相當數量難以解決的基本問題。

且王國維的研究取向經陳寅恪後來的詮釋，實已有所轉移。陳先生總結王國維的「學術內容與治學方法」，以為「可舉三目以概括之者。一曰取地下之實物與紙上之遺文互相釋證……二曰取異族之故書與吾國之舊籍互相補正……三曰取外來之觀念與固有之材料互相參證」。這一概括頗有點「理想型」的意味，恐怕在相當程度上更像是陳寅恪自己嚮往的治史取向，這可以從他預計「吾國他日文史考據之學，範圍縱廣，途徑縱多，恐亦無以遠出三類之外」一句看出。[34]

值得注意的是陳寅恪將甲骨材料視作「地下之實物」而不視為文

---

33 梁啟超語見其《敬告我同業諸君》一文，陳獨秀、魯迅、胡適都曾提出類似的主張，說詳羅志田：《新的崇拜：西潮衝擊下近代中國思想權勢的轉移》、《林紓的認同危機與民國的新舊之爭》，均收入其《權勢轉移：近代中國的思想、社會與學術》，60-61、282-283頁。

34 陳寅恪：《〈王靜安先生遺書〉序》，《金明館叢稿二編》，219頁。

字。陳氏行文考究，絕非隨意為之，尤其序跋一類文字不會也不能掉以輕心。王國維其實基本未用文字之外的地下實物，故此說或是為王諱，但也暗示了王在利用地下材料方面的限制。陳的意思或可有兩層，即「實物」不僅限於文字，還可有遠更廣泛的用途；而地下發掘出的文字材料既零散而數量復少，實不足普遍引以為據（因而影響整個中國古史詮釋也就有限）。

陳寅恪對西方近代考古學頗有體會，其論「瞭解之同情」說：「吾人今日可依據之材料，僅為當時所遺存最小之一部，欲藉此殘餘斷片以窺測其全部結構，必須備藝術家欣賞古代繪畫雕刻之眼光及精神，然後古人立說之用意與對象，始可以真瞭解。」[35]這樣一種欲以「藝術家欣賞古代繪畫雕刻之眼光及精神」、藉「殘餘斷片以窺測其全部結構」來瞭解「古人立說之用意與對象」的方法，與西人從人類學和考古學中生出尤盛行於今日的「實物文化」（material culture）研究取向極相類似。

另一方面，陳寅恪也曾對自己的學生說：上古文字記載不足，難以印證。而「地下考古發掘不多，遽難據以定案。畫人畫鬼，見仁見智，曰朱曰墨，言人人殊。證據不足，孰能定之？」[36]此語提示著陳寅恪對王國維的「二重證據法」似不無保留，則陳在甲骨文或出土材料方面的態度甚或稍接近章太炎。太炎指出的「學弊」之一即「詳遠古而略近代」，他指責那些選擇研究上古時代的學者「好其多異說者而惡其少異說者，是所謂好畫鬼魅惡圖犬馬也」。[37]兩人所用的語彙也非常相近。

---

35 陳寅恪：《馮友蘭〈中國哲學史〉上冊審查報告》，《金明館叢稿二編》，247頁。

36 王鍾翰：《陳寅恪先生雜憶》，《紀念陳寅恪教授國際學術討論會文集》，廣州：中山大學出版社，1989年，52頁。

37 章太炎：《救學弊論》，11頁（文頁）。

　　後來陳寅恪在1942年序楊樹達書，進一步申說「自昔長於金石之
學者，必為深研經史之人。非通經無以釋金文，非治史無以證石刻。
群經諸史，乃古史資料多數之所匯集，金文石刻則其少數脫離之片
段，未有不瞭解多數匯集之資料，而能考釋少數脫離之片段不誤者。
先生平日熟讀三代兩漢之書，融會貫通，打成一片，故其解釋古代佶
屈聱牙晦澀艱深詞句，無不文從字順，犁然有當於人心。」[38]此雖未
及甲骨文，但他既視出土的零星地下材料為「脫離之片段」，又更肯
定經過許多代人不斷整理的既存文獻材料，其間的輕重，自不必多言。

　　考古學曾給20世紀的新史學帶來許多希望，但對地下可能出現什
麼樣的材料，則不同的學人有不同的期望。北大考古學會的馬衡在
1925年就曾希望有計劃、大規模的發掘能「打開更精確、更複雜的
『地下二十四史』」。[39]曾正式提出「動手動腳找東西」而不做「讀書
人」的傅斯年對地下發掘的認識則與馬衡很不相同，他認為「掘地自
然可以掘出些史前的物事、商周的物事，但這只是中國初期文化史。
若關於文籍的發覺，恐怕不能很多（殷墟是商社，故有如許文書的發
現，這等事例豈是可以常希望的）」。[40]這裏表現的不僅僅是對地下材
料的期望更加現實，更重要的是傅斯年並不因為出現大規模「文籍」
的可能性小就輕視發掘，他根本就更寄希望於「初期文化史」上的
「物事」。

　　在處理既存文獻材料與新出土史料的觀點方面，傅斯年與陳寅恪
相當接近。他充分承認像甲骨文這樣的出土材料可以「點活」文獻材
料的功能，認為「每每舊的材料本是死的，而一加直接所得可信材料
之若干點，即登時變成活的」。直接材料當然「比間接材料正確得

38 陳寅恪：《楊樹達〈積微居小學金石論叢續稿〉序》，《金明館叢稿二編》，230頁。
39 馬衡：《考古與迷信》，轉引自陳以愛《中國現代學術研究機構的興起》，332頁。
40 傅斯年：《與顧頡剛論古史書》，《傅斯年全集》，1980年，第4冊，456-457頁。

多」，後者的錯誤靠他更正、不足靠他彌補、錯亂靠他整齊；「間接史料因經中間人手而成之灰沉沉樣，靠他改給一個活潑潑的生氣象」。不過，儘管「直接的材料是比較可信的，間接材料因轉手的緣故容易被人更改或加減；但有時某一種直接的材料也許是孤立的，是例外的，而有時間接的材料反是前人精密歸納直接材料而得的」。正因為「直接材料每每殘缺，每每偏於小事，不靠較為普遍、略具系統的間接材料先作說明，何從瞭解這一件直接材料？所以持區區的金文，而不熟讀經傳的人，只能去作刻圖章的匠人」。[41]

傅斯年強調：「若是我們不先對於間接材料有一番細工夫，這些直接材料之意義和位置，是不知道的；不知道則無從使用。」故「必於舊史史料有工夫，然後可以運用新史料；必於新史料能瞭解，然後可以糾正舊史料。新史料之發見與應用，實是史學進步的最要條件；然而但持新材料，而與遺傳者接不上氣，亦每每是枉然」。他以王國維利用甲骨文證史為例論證說：若「熟習經傳者不用這些材料，經傳中關涉此事一切語句之意義及是非是不能取決的」。但「假如王君不熟習經傳，這些材料是不能用的」。傅氏主張以「得到前人所得不到的史料」來「超越前人」，同時更「要能使用新得材料於遺傳材料上，然後可以超越同見這材料的同時人」。概言之，「不知擴充史料者，固是不可救藥」；僅期靠新史料平地造起，也難免於「徒勞」。[42]

當李宗侗（玄伯）質疑顧頡剛的疑古傾向，認為「用載記來證古史，只能得其大概」，並提出「要想解決古史，唯一的方法就是考古學」，故應「努力向發掘方面走」時，傅斯年支持顧頡剛說：「現存的文書如不清白，後來的工作如何把他取用」？顧的成就在於提出了

41 傅斯年：《〈新獲卜辭寫本後記〉跋》，《傅斯年全集》，第3冊，225頁；《史料論略》，收其《史料論略及其它》，瀋陽：遼寧教育出版社，1997年，4-5頁。
42 傅斯年：《史料論略》，《史料論略及其它》，5-6、25頁。

「一部中國古代方術思想史的真線索」，故其「古史論無待於後來的掘地，而後來的掘地卻有待於」他的古史論。顧頡剛自己也同意「努力向發掘方面走」是「極正當的方法」，但指責李宗侗「有過尊遺作品而輕視載記的趨向」。其實文獻資料「足以聯絡種種散亂的遺作品，並彌補它們單調的缺憾。我們只要鄭重運用它，它的價值絕不遠在遺作品之下」。今人已「懂得用歷史演進的眼光去讀古書，懂得用古人的遺作品去印證古書，乍開了一座廣大的園門，滿目是新境界，在載記中即有無數工作可做。依我看，我們現在正應該從載記中研究出一個較可信的古代狀況，以備將來從遺作品中整理出古史時的參考」。[43]

顧頡剛在文中特別強調：在「對於新材料的要求加增」時，「對於舊材料的細心整理，有同等的重要，應當同時進行。不宜定什麼輕重、分什麼先後」。[44]提倡新舊材料並重是他那時反覆申論的一個主張，但何為新材料何為舊材料的含義卻處於變化之中。顧頡剛在次年（1926）針對當時「只要研究新的材料，不要研究舊的材料」的傾向性主張說：「新舊的材料在應用上雖有區別，但在研究上是絕對不該有區別的」，所以要對「上至石器時代石刀石斧之舊，下至今日時髦女子衣服飾物之新，一律收集，作平等的研究」。[45]

對比前後兩說，可知顧氏1926年說的是材料本身的時代新舊，而前面所說的似乎是材料呈現在學者眼前的新與舊，其實恐怕更多是以學者的觀念來區分材料的新與舊，兩者表現類似而其實質相當不同。且時人正是要對新舊材料「定輕重、分先後」，具有「新眼光」的學

---

43 李玄伯：《古史問題的唯一解決方法》；顧頡剛：《答李玄伯先生》，《古史辨》（一），
   269-270、270-271頁；傅斯年：《與顧頡剛論古史書》，456-457頁。

44 顧頡剛：《答李玄伯先生》，《古史辨》（一），272頁。

45 顧頡剛：《一九二六年始刊詞》，《北京大學研究所國學門周刊》，4-5頁。

者有意無意間寧願研究或使用「新材料」的傾向那時已經形成並日益發展（在不同程度上也影響了許多一般被認為是舊派的學者）。

此後中國史學的發展表明，在主流史學中李宗侗的取向越來越得到尊重，而「載記」材料的地位卻進一步降低，這與顧頡剛自己的疑古作為直接相關。顧本認為崔述「要從古書上直接整理出古史蹟」的方法不妥。「因為古代的文獻可徵的已很少，我們要否認偽史，是可以比較各書而判定的；但要承認信史，便沒有實際的證明了」。因此他強調「我們要辨明古史，看史蹟的整理還輕，而看傳說的經歷卻重」。[46]換言之，傳統的主流載記只有在證偽時還比較有用。

載記和遺作品之間的互證關係其實相當微妙，徐炳昶注意到，王國維與胡適、顧頡剛之間的一個重要差異，即依靠什麼來「啟示或解釋」出土之物？他認為，「王國維能開始解釋甲骨上的文字，因為他相信殷代現存的文獻。如果殷代文獻被猜疑而蔑視、而散逸，那雖有王氏湛深治學的精神，亦無從尋得下手處。」[47]不論有意無意，地下材料主要用來「證偽」還是「證真」的立意或先入態度的確是非常重要的。顧頡剛在提倡重視「載記」材料的同時卻因以疑古為出發點（當然他的最後目標還是希望得到一個「準確科學」的古史系統）而自挖其牆腳，具有十足的弔詭意味。

同樣具有弔詭意味的是，雖然顧頡剛自己對「傳說」特別強調，但他大力推動的疑古傾向反使學者對傳說材料不敢用。後來主張以「信古」取向來研究古代傳說的徐炳昶觀察到，到1949年後，唯物方法已被接受為史學界「最高軌範」，疑古思想仍「藏蔽於〔學者〕思想的深處以隱隱作祟。治古史的人一談到傳說的資料，總是左支右吾，

---

46 顧頡剛：《與錢玄同先生論古史書》，《古史辨》（一），59頁。

47 徐炳昶：《中國古史的傳說時代》，上海：中國文化服務社，1946年，12頁。

不敢放手去工作；就是有些位元大膽使用這些資料，卻也難得史學界的同意」，其主要原因即「從根本上疑惑這些資料的可用與否」。[48]

民國新史學的總體傾向是嚮往「科學」，而其中一個基本預設即是對地下材料寄予厚望，前引馬衡對更精確的「地下二十四史」的期望即是一個顯例。而在地下資料特別是甲骨文大量運用於古史研究之前，胡適在1921年已提出他的「古史觀」，即「現在先把古史縮短二三千年，從《詩三百篇》做起。將來等到金石學、考古學發達上了科學軌道以後，然後用地底下掘出的史料，慢慢地拉長東周以前的古史。」[49]這一觀念既體現了對地下材料的期望與信心，同時也等於宣判了中國在東周以前「無史」。伍啟元後來總結「古史辨」運動時正如此說：「在地下發掘未能建設中國古史之前，中國自東周以上只好說是無史。」[50]

王國維的一大實際貢獻即在於他利用甲骨文將中國「歷史」向前拉長了一大段，後來郭沫若在其《中國古代社會研究》中乃能斷言「商代才是中國歷史的真正的起頭」。[51]但「拉長」只是量的變化，（今日的）「中國」此前總有一段時間「無史」的狀況並未從根本改變。徐炳昶指出：顧頡剛派的觀念也是對於傳說時代的古史「暫時不談，等將來地下材料的證明」。其結果是「由於地下發現的材料未能彌補，而商朝中葉以前的歷史遂成了白地」！[52]從胡適到郭沫若這些以「科學」方法治史者，雖然其所本的「科學」頗不一樣，在這一點上卻具有大致的共識。

---

48 徐旭生：《中國古史的傳說時代》（增訂本），26-27頁。

49 胡適：《自述古史觀書》，《古史辨（一）》，22頁。

50 伍啟元：《中國新文化運動概觀》，現代書局，1934年，52頁。

51 轉引自伍啟元：《中國新文化運動概觀》，141頁。

52 徐炳昶：《中國古史的傳說時代》，12、10頁。

　　對「科學考古」有信心的史家或可以耐心等地下出土材料來慢慢「拉長」古史，但中國「歷史上可靠的事實前無引導，變成一些孤立而忽然跳出的東西」[53]，卻是治古史者或治通史者難以迴避的問題。正如傅斯年所說：「以不知為不有，是談史學者極大的罪惡。」不論東周以前還是商代中葉以前，撰史者對那段歷史總得有個交待。傅自己特別提倡「於史料賦給者之外，一點不多說，史料賦給者之內，一點不少說。」[54]他認為「應該充量用尚存的材料，而若干材料闕的地方即讓他闕著」。[55]因為「歷史上有若干不能解決之問題，指出其不能解決，便是解決」。[56]對具體的史學題目，這的確是最為可取的態度。但從廣義言，這仍未解決王國維遺留下來的未經地下材料證明的「古書」究竟算不算史料及怎樣應用的問題，同時也無法處理比較可靠的古史「忽然跳出」這一困境。[57]

　　但地下材料畢竟強化了學者對古史的信任，肯定了部分正史材料的可靠性，對疑古傾向有所糾正，傅斯年即因此而由疑古轉向重建古史。[58]故「二重證據法」在史學研究上的實際影響雖不如一般所認知

---

53 徐炳昶：《中國古史的傳說時代》，4頁。

54 分別轉引自杜正勝：《從疑古到重建——傅斯年的史學革命及其與胡適、顧頡剛的關係》和杜維運：《傅孟真與中國新史學》，均刊《當代》，第116期（1995年12月1日），17、57頁。

55 傅斯年：《評〈秦漢統一的由來和戰國人對於世界的想像〉》，《古史辨》（二），11頁。

56 傅斯年致胡適，1926年8月18日，收耿雲志主編：《胡適遺稿及秘藏書信》，第37冊，358頁。

57 前引王國維關於「禹」的論證，也只是指出上古皆「信禹為古之帝王」，他所引的材料也只證明到此，並未坐實禹的存在。對民初凡事皆欲落到實處的史家來說，古史應怎樣陳述禹這一問題仍未解決。

58 說詳杜正勝：《從疑古到重建——傅斯年的史學革命及其與胡適、顧頡剛的關係》；王汎森：《王國維與傅斯年》，《學術思想評論》，第3輯，瀋陽：遼寧大學出版社，1998年，485-486頁。

的那樣大（陳寅恪對王氏學術方法的重新詮釋已提示了這一點），其在更加廣泛意義上所增強的學者信心，卻不容低估。有此信心存在，許多人才能從容使用古書資料，並據此以解析和重建古代史實。蒙文通、徐炳昶等人的研究表明，在態度和眼光轉變之後，既存文獻本身可以提供的歷史證據遠比我們想像和認知的要豐富得多。

　　對古文獻的信任雖已因地下材料的支持而增強，但整體的疑古傾向大致仍存在。考古學確實有力地支撐了20世紀的史學大廈，惟因期望值過高也曾帶來一度的失望，部分即因為更精確的「地下二十四史」長期未能出現，以至於專長考古的徐炳昶在1940年明確提出疑古的路已經「走到盡頭」，現在應「改走信古的路」，以在「傳說」中「尋求古代略近的真實」。不過這一取向始終未能在史學界上升到主流地位，而徐自己後來也放棄了「信古」的口號。[59]

　　如傅斯年所說，殷代是「借考古學自『神話』中入於歷史」的。[60]正因古代文獻的可靠性乃由非既存文獻的考古所證實，即使是試圖「證古」者也多向文獻以外尋證據。可以說，「二重證據法」本身就提示著一個在既存「史書」以外找史料的途徑，這當然不是全新的觀念，但將其強調到這樣的程度，並且有具體的示範，則是過去沒有的，故具有典範的性質。雖然有成績的追隨摹仿者其實不多，在正統「史書」以外找史料的思路卻因各種因素而被各類學人不斷擴大，如陳垣用「教外」材料治宗教史，顧頡剛用民俗材料，陳寅恪等用「殊族」材料和詩文，而李濟開始運用不僅限於文字的考古材料等。

---

59 參徐炳昶：《中國古史的傳說時代》，14-23頁。1940年是徐先生署於其第一章「論信古」文後的撰寫時間，比該書的實際出版時間要早。在後來的修訂版中，已刪去「信古」的內容。

60 傅斯年：《性命古訓辯證》，《傅斯年全集》，第2冊，300-301頁。需要說明的是，傅斯年的本意是以此來推論夏代的存在，頗類王國維之論證禹的存在。說詳王汎森：《王國維與傅斯年》，486頁。

這樣，一部分人開始偏離章太炎所見的「詳遠古而略近代」的傾向，「存而不論」的古訓和胡適提出的「截斷眾流」新說轉成為不少人實際遵循的取向。傅斯年那一代史家中許多人，確實有一種為了更「科學」而以「少說」代「不多說」的自律（self-censorship）。徐炳昶發現，民國史家在「用理性去檢查」古人整理出的古代故事時，逐漸「驚駭於這些材料對於理性的衝突」，於是「謹慎的學者承認自己的無力，絕口不談」遠古之事。[61]

相當一部分人如陳寅恪、陳垣等，特意避開上古歷史（二陳其實都具備治上古史的學力，陳寅恪尤其對經學下過工夫）。1946-1947年評選中央研究院第一屆院士時，在「資格根據」一欄，陳寅恪（自填或別人代填而應得本人同意）的是「研究六朝隋唐史，兼治宗教史與文學史」；而陳垣的是「專治中國宗教史，兼治校勘學、年曆學、避諱學」，其自我或他人眼中之學術認同如此。[62]

陳寅恪不治上古史確實因為他覺得三代兩漢之事文字記載不足，立說總不那麼踏實。而「地下考古發掘不多」也難據以定案。若近現代又「史料過於繁多，幾無所措手足」。至於中古史，則「文獻足徵，地面地下實物見證時有發見，足資考訂；易於著筆，不難有所發明前進」。故他自述初回國時，「專心致志於元史，用力最勤」。[63]

這樣的選擇仍與「地下材料」相關，據羅香林回憶，陳對他說：「凡前人對歷史發展所流傳下來的記載或追述，我們如果要證明它為『有』，則比較容易；因為只要能夠發現一二種別的記錄以作旁證，

---

61 徐炳昶：《中國古史的傳說時代》，2-3頁。

62 《中央研究院史初稿》，臺北，中研院總辦事處秘書組編印，1988年，205頁。

63 王鍾翰：《陳寅恪先生雜憶》，52頁。實際上，陳寅恪不做近代史更主要的原因是「認真做，就要動感情。那樣，看問題就不客觀了」。石泉、李涵：《追憶先師寅恪先生》，《紀念陳寅恪教授國際學術討論會文集》，57頁。

就可以證明它為『有』了。如果要證明它為『無』，則委實不易，千萬
要小心從事。因為如你只查了一二種有關的文籍而不見其『有』，那
是還不能說定的；因為資料是很難齊全的，現有的文籍雖全查過了，
安知尚有地下未發現或將發現的資料仍可證明其非『無』呢？」[64]
「現有的文籍雖全查過了」仍不能下定論，地下可能出現的資料對嚴
謹學人的潛在規範作用有多麼強就顯而易見了。

　　陳垣是一位通常被認為比較「傳統」且相對更「土」的學者，許
冠三便說他是「土法為本洋法為鑑」。[65]其實陳的自我定位恰反之，他
在其子陳約之來信上批覆說：自己治學極得醫學之益，「近二十年學
問，皆用醫學方法也。有人謂我懂科學方法，其實我何嘗懂科學方
法，不過用醫學方法參用於乾嘉諸儒考證方法而已」。[66]按陳氏自己開
辦過新式醫學院，並著有《中國解剖學史料》，[67]他這裏所說的「醫
學」，當然指的是西來醫學，故其受西學影響之大，還當重新認識。
傅斯年在與陳寅恪論及「此時修史，非留學生不可」時，便特別指出
「陳援庵亦留學生也」，與「粹然老儒，乃真無能為役」者大不相
同。[68]

　　而陳垣也喜歡在正史之外發掘材料、開拓新領域，以期「動國際
而垂久遠」。陳並不輕視正史，他教子治史仍主張「凡研究唐宋以後
史者」應先讀正史，但此外還「必須熟讀各朝一二大家詩文集」。蓋
「觀其引用何書，即知正史之外，詩文筆記如何有助於考史也」。陳
垣特別強調，不僅近代史的研究「非雜採各國對遠東之史料不能成中

64　羅香林：《回憶陳寅恪師》，張傑、楊燕麗編：《追憶陳寅恪》，北京：社會科學文獻
　　出版社，1999年，105頁。
65　參見許冠三：《新史學九十年》，臺北：唐山出版社，1996年，107-132頁。
66　陳智超編：《陳垣先生往來書劄》，臺北：中研院文哲所，1992年，下冊，430頁。
67　收在《陳垣史學論著選》，上海：上海人民出版社，1981年。
68　傅斯年致陳寅恪，1929年9月9日，臺北中研院史語所「公文檔」。

國史」，就是「宋元等史亦然。宋之於遼金、元之於波斯、土耳其、阿拉伯等」。[69]嚴耕望認為在實際學術貢獻上援庵似更勝過寅恪，部分或即因陳寅恪後來回歸以常見材料治「正史」的傳統正途，所涉既寬，難以面面俱到，故「往往不免有過分強調別解之病」。而陳垣則「最重視史料收集」，故「往往能得世所罕見、無人用過的史料」。[70]二陳的高下可不置論，嚴氏內心中對史料特別是「罕見史料」的重視，大概應是其立論的一個基本預設。[71]

　　二陳均選擇從唐到明清這一段中古史為專業，或者也有時代的考慮。他們皆存治史為時勢服務的報國心態，[72]而近代中國所面臨的外力入侵的局面，在三代至秦漢的歷史中可吸取教訓的不多。黃濬觀察到：過去士人讀書，「非周秦六經，即馬班兩史。其腦中所縈憶者，多中古以上事蹟；其所濡觸者，卻為現代之物華。日溺於近，而心馳

69　陳垣致陳樂素，1940年11月26日，陳智超編：《陳垣來往書信集》，上海：上海古籍出版社，1990年，665-666頁；陳智超：《〈中國歷史研究法〉陳垣批語選錄》，《梁啟超研究》（廣東新會），第5期（1988），39頁。

70　按嚴氏對二陳史學均極推崇，但顯然更欣賞陳垣的「紮實穩健」，故「雖不若寅恪先生之深刻多新解」，而「其創獲著實豐碩，前輩學人成績之無懈可擊，未有逾於先生者」。即以同論明季史事的《柳如是別傳》和《明季滇黔佛教考》相比，前者在「意義」和「價值」方面都比後者更「遜色」。《柳傳》還是陳寅恪晚年自以為在方法和材料方面都有突破者，洋洋七十萬言尚不如數萬言；且一有病一無懈，高下已判。參嚴耕望：《史學二陳》，收其《治史三書》，173-179頁。

71　嚴耕望在論及「近代史學研究特別重視新材料」時說：「史學工作者向這方面追求，務欲以新材料取勝；看的人也以是否用新材料作為衡量史學著作之一重要尺度」；他自己其實主張「新史料固然要儘量利用，但基本功夫仍然要放在研究舊的普通史料上」（參《治史三書》，182、23頁）。不過從其對二陳的評論看，他無意中運用的恰是他所反對的衡量尺度。

72　當日學人治史，率多有為時勢服務的隱衷；與今日不同者，這種為現實服務的精神主要體現在選題上，至於具體論證，仍基本能謹守學術戒律。可參見余英時：《陳寅恪的學術精神和晚年心境》（收入其《陳寅恪晚年詩文釋證》，臺北：東大圖書公司1998年增訂新版）中的相關論述。

於古，於唐以後政治社會興衰遞嬗之跡，百舉俱廢之由，反昧昧然。
故一旦受侮發憤，欲刺取吾國固有長技，侈舉與西歐對峙者，率皆墟
墓簡策間言。」[73]

按黃氏實有所見。讀書人的眼見之實與所讀之書有所隔，承平時
固無礙，遇事則其思想資源便有限。從這一角度言，清代經學特別是
以考據為中心的古文經學確實難以經世，而後起之今文經學的經世取
向仍然是迴向周秦。清代文字獄造成的對近代（指清人的近代）史的
迴避，特別是整個史學所處的邊緣地位，使唐宋史事不為多數讀書人
所熟悉，尤其是與夷狄關係較洽的唐代處理夷夏關係的歷史經驗並未
得到關注。清人也曾希望迴向歷史中尋找思想資源，如元史即頗受注
重。然元史的受到注重，固然有夷狄入主的相似一面，恐怕也有時人
不熟悉唐代史事的潛在因素在起作用（當然，國人歷史記憶中唐代史
的形象也有偏差：唐代與夷狄的關係為過去史家所諱，直到陳寅恪才
得到充分關注，這或者也是不往唐史找資源的一個重要原因）。

另外，二陳選擇的專業也許與他們欲與外人在學術上爭勝相關。
陳寅恪在1930年感歎說：國際敦煌學著作之林中，中國學者僅三數
人。[74]陳垣的學生也聽其發出過類似的感歎，更有要將漢學中心奪回
北京的說法。這本身也是一個史學新舊的「預流」問題。趙元任回憶
說：「寅恪總說你不把基本的材料弄清楚了，就急著要論微言大義，
所得的結論還是不可靠的。」[75]在基本的材料弄清楚之後，仍要得出
微言大義式的結論，這正是民國新史學的新意所在，也是其最終的目
的。此應注意者，何為「基本材料」，則不同的人要求是不同的。陳

73 黃濬：《花隨人聖庵摭憶》，上海：上海古籍書店，1983年，26-27頁。

74 陳寅恪：《陳垣〈敦煌劫餘錄〉序》，《金明館叢稿二編》，236頁。

75 趙元任、楊步偉：《憶寅恪》，收《談陳寅恪》，臺北：傳記文學出版社，1970年，
26-27頁。

本認為「一時代之學術,必有其新材料與新問題。取用此材料,以研求〔此〕問題,則為此時代學術之新潮流。治學之士,得預此潮流者,謂之預流。其未得預者,謂之未入流。此古今學術之通義。」[76]

要預流,所注重的材料便不同。如果「預流」同與外人爭勝結合起來,所注重的材料就更不同。如陳寅恪所論的「敦煌學」,就有特定的史料來源和範圍。章太炎已注意到這一點,他指責「審邊塞而遺內治」這一學弊說:「中國之史,自為中國作,非泛為大地作。域外諸國,與吾有和戰之事,則詳記之;偶通朝貢,則略記之;其它固不記也。今言漢史者喜說條支安息,言元史者喜詳鄂羅斯印度。此皆往日所通,而今日所不能致。且觀其政治風教,雖往日亦隔絕焉。以餘暇考此固無害,若徒審其蹤跡所至,而不察其內政軍謀何以致此,此外國之人讀中國史,非中國人之自讀其史也。」[77]且不說外國之法自有其長處,關鍵在於只有預外國之「流」,才能與外人爭勝。二陳在不同程度上皆以外國人之法讀中國史,亦良有以也。

取法西學是近代中國新史學的一個明顯特徵,有著長期的淵源。國粹學派自身便不排斥外國學,如黃節定義的「國粹」即是。當年章太炎也有類似看法,他認為「今日治史,不專賴域中典籍。凡皇古異聞、種界實跡,見於洪積石層,足以補舊史所不逮者,外人言支那事,時一二稱道之。雖謂之舊史無過也。」[78]太炎讀斯賓塞的社會學著作後,對其「往往探考異言,尋其語根;造端至小,而所證明者至大」一點頗有心得,於是重新「發現」惠棟、戴震的文字訓詁,也有類似功用,可藉以發現中國「文明進化之跡」。蓋古事不詳,「惟文字

---

76 陳寅恪:《陳垣〈敦煌劫餘錄〉序》,《金明館叢稿二編》,236頁。

77 章太炎:《救學弊論》,11-12頁(文頁)。

78 章太炎:《中國通史略例》,收《章太炎全集》(3),331頁。

語言間留其痕跡，此與地中僵石為無形之二種大史」。[79]說明他也主張並實踐過吸收西學。

王國維在清季也這樣想，他認為當時文科大學中「欲求經學、國史、國文學之教師，則遺老盡矣；其存者或篤老或病廢，故致之不易；就使能致，或學問雖博而無一貫之系統、或迂疏自是而不屑受後進之指揮，不過如商彝周鼎，飾觀瞻而已。故今後之文科大學，苟經學、國文學等，無合格之教授，則寧虛其講座，以俟生徒自己之研究，而專授以外國哲學、文學之大旨。既通外國之哲學文學，則其研究本國之學術，必有愈於當日之耆宿矣。」[80]這裏提出的取徑頗有點夫子自道的意味，王本人治學之路正是在「既通外國之哲學文學」後復回頭「研究本國之學術」。

進入民國後，在新文化運動的世界主義思潮衝擊下，「世界的眼光」更是民初新學人的共識，從傅斯年的《〈新潮〉發刊旨趣書》到毛子水的《國故和科學的精神》，他們強調得最多的就是中國學術與「世界學術」的關係。傅斯年就認為《新潮》的第一責任便在「漸漸導引此『塊然獨存』之中國同浴於世界文化之流」，同時探索「以何方術納中國於〔現代〕思潮之軌」，充分體現了想要「預流」的心態。[81]在史學上，趨新史家多有意識地把中國史放在世界歷史之中進行考察，如顧頡剛在1924年即向學生強調：「整理國故，即是整理本國文化史，即是做世界史中的一部份的研究。」他在稍後給丁文江的

---

79 章太炎：《致吳君遂書》，湯志鈞編：《章太炎政論選集》，北京：中華書局，1977年，上冊，172頁。

80 王國維：《教育小言十則之十》，《靜安文集續編》，收入《王國維遺書》，上海：上海古籍出版社，1983年影印，第5冊，53頁。

81 傅斯年：《〈新潮〉發刊旨趣書》，《新潮》，1卷1號（1919年1月1日），1-2頁。

信中也希望「能作世界之遊，在世界的古史中認識中國的古史」。[82]有意思的是，當時的舊派學人大致也具同樣的傾向，《國故》的作者張煊即與毛子水互相指責對方沒有「世界眼光」。[83]

「要科學的東方學之正統在中國」的傅斯年說：「我們中國人多是不會解決史籍上的四裔問題的。……凡中國人所忽略，如匈奴、鮮卑、突厥、回紇、契丹、女真、蒙古、滿洲等問題，在歐洲人卻施格外的注意。說句笑話，假如中國學是漢學，為此學者是漢學家，則西洋人治這些匈奴以來的問題豈不是虜學，治這學者豈不是虜學家嗎？然而也許漢學之發達有些地方正借重虜學呢！」[84]傅氏這裏說的是史語所的工作旨趣，既然目的是要與西人爭勝，自然必須先注意西人所「格外注意」者，這正是陳寅恪所說的預流。

曾經點名指斥章太炎的傅斯年在這方面其實與章太炎觀念頗相近，他知道「西洋人治中國史，最注意的是漢籍中的中外關係，經幾部成經典的旅行記，其所發明者也多在這些『半漢』的事情上」。但他強調：「我們承認這些工作之大重要性，我們深信這些工作成就之後，中國史的視影要改動的。不過同時我們也覺得中國史之重要問題更有些『全漢』的，而這些問題更大更多，更是建造中國史學知識之骨架。」[85]這一取向的實際例子是傅斯年在1929年提議由陳寅恪領軍組織一隊人分工合作，著一部「新宋史」。他認為當時中國學人最宜研究宋史，因為「此時弄此題，實為事半功倍，蓋唐代史題每雜些外

---

82 顧潮：《顧頡剛年譜》，北京，中國社會科學出版社，1993年，97頁；顧頡剛致丁文江，1926年7月2日，臺北中研院史語所藏「丁文江檔案」。

83 毛子水：《〈駁新潮國故和科學的精神篇〉訂誤》，《新潮》，2卷1號（1919年10月），48頁。

84 傅斯年：《歷史語言研究所工作之旨趣》，《史料論略及其它》，49頁。

85 傅斯年：《歷史語言研究所工作之旨趣》、《〈城子崖〉序》，《史料論略及其它》，43、80頁。

國東西，此時研究，非與洋人拖泥帶水不可；而明、清史料又浩如煙海。宋代史固是一個比較純粹中國學問，而材料又已淘汰得不甚多矣。」[86]

這個「新宋史」計劃曾得陳寅恪的贊同，後來不知何故未能推行。但傅斯年不欲「與洋人拖泥帶水」而寧願從事「比較純粹中國學問」的傾向是明顯的。顧頡剛後來回憶史語所創辦時的情形說，傅斯年既「欲步法國漢學之後塵，且與之角勝」，[87]的確看到了其欲以西方學術方法來與西方學術爭勝（當然是基本落實在所謂「漢學」之上）的實質。傅斯年的這一主張在當時有相當的代表性，這個民國新史學家不能迴避的大問題牽涉甚寬，當另文探討。至少從表現出來的層面看，嚮往「預流」的傾向是更占上風的，其對具體研究的實際影響，就是相對更注重西方漢學家所關注的史料，因為這屬於前引顧頡剛所說的「新材料」的範圍。

綜合上述因素，可以看到與學人儘量擴充史料的進程所同步的正是顧頡剛所反對的一種越來越明顯的重新材料輕舊材料的傾向。由於專往偏遠處尋材料，遂出現章太炎所說「昔人治史，尋其根株；今人治史，摭其枝葉」的現象。[88]王國維對此傾向是不滿的，他主張：「今日所視為不真之學說、不是之制度風俗，必有所以成立之由，與其所以適於一時之故。其因存於邃古，而其果及於方來」。所以任何材料都「足資參考」而不應放棄。[89]本來史料不論常見罕見，其中俱有意

---

86 傅斯年致陳寅恪，1929年9月9日，臺北中研院史語所「公文檔」。陳寅恪後來於1942年說：「平生治學，不甘逐隊隨人，而為牛後。年來自審所知，實限於禹域以內，故僅守老氏損之又損之義，捐棄故技，凡塞表殊族之史事，不復敢上下議論於其間」（《朱延豐〈突厥通考〉序》，《寒柳堂集》，上海：上海古籍出版社，1980年，144-145頁）。說不定也受傅斯年此論的影響。

87 顧頡剛日記，引在顧潮：《顧頡剛年譜》，152頁。

88 章太炎：《救學弊論》，12頁（文頁）。

89 王國維：《國學叢刊序》，《觀堂別集》卷四，《王國維遺書》，第4冊，8頁。

思在，讀者以意逆志，必有所得。但最主張學問「平等」而又特別重視史料的新派史家，在實際處理中其實並未做到平等對待史料，確實不能逃舊派說他們矯枉過正之嫌。

張爾田還在章太炎之前已說：史所憑據在「長編」，今人不宜動以稗說野紀以非正史，不可據孤證輕易舊文。[90]類似見解此後不斷得到重複。蕭熙群認為，中國古史的內容受所處時代的史觀影響，史官「兼司天事」時，便「重神意」；史學要「垂訓資治」，就有五德終始和尊君成分。然史籍終「為史事之所寄，不盡存詳實，亦多存詳實」。後世考證訂補是應該的，若「必執真贗參半破碎不全之物，以推翻一切記載」，則不僅破壞學術，且「有害於國家文化」。他認為這是由於「今日學者盛道西學，治史者必稱科學方法」。結果「文字著錄，視同廢籍；終日孜孜，乃在直接史料之搜集。故出土文物，瓦石彌珍；一二文字，引以斷古。立論穿鑿，不免偏蔽。」[91]周蔭棠也引黃宗羲說揚雄「但知識奇字，不知識常字，不知常字乃奇字所自出」的先例攻擊新派學人「專搜孤本秘笈，不讀常見之書」。[92]

1941年創刊的《斯文》半月刊（金陵大學文學院辦）的《卷頭語》對新派進行整體批評說：「今世治人文之學者，似有二蔽，一曰考證，二曰新穎。蓋自五四運動而後，學風趨向批評；近年治學，遂重考據。鑽研不厭其深，論據不辭其博；立言務求翔實，斷制務求精當。以為如此方是科學之方法、樸學之精神，而為治學之法門」。其長處是「批判謹嚴，論議矜慎，洵堪法式。然流弊所至，或搜僻事以矜創獲，採野語以為新奇。甚者穿鑿附會、瑣碎支離；訂一名、考一

---

90 張爾田語原載《亞洲學術雜誌》第3期，摘引在《史地界消息・梁任公〈中國歷史研究法〉之回聲》，《史地學報》，2卷2號（1923年1月），116頁。

91 蕭熙群：《論治國史之要籍》，《斯文》，2卷8、9期（1942年3月16日），7頁。

92 周蔭棠：《為讀一部史書運動進一解》，《斯文》，2卷4期（1941年12月1日），2頁。

字，往往累數萬言，幾何不蹈兩漢經生俗儒之轍。」更因「趨新騖奇，苟不經見，便為新穎；苟覺新穎，便是真理」。這些人「或假考據以駭俗，或援名人以自重」。[93]該刊觀察到的趨新和考據在民國共生並存的現象非常值得注意，而考據可以「駭俗」，尤見當時世風學風重心所在。

結果是「考據」成為這些未居主流的學人的一個主要攻擊目標，而他們注意到考據仍居主流的最重要原因即是當時地位至高的「科學」所起的正名作用。程千帆從清代學術史考察說：民國偏重考據的風氣「皆緣近代學風之一於考據。案滿清學術，一由於明學之反動，二由於建夷之箝制，考據遂獨擅勝場。而咸同以來，朝政不綱，人心思動；所謂漢學，亦久亡將厭，以有今文家言之發生。公羊學派，又考據之反動也。然此學派本依附政治而光昌，亦以政局之變更，不旋踵而消滅。及西洋學術輸入，新文化運動勃興，……考據之學乃反得於所謂科學方法一名詞下延續其生命。二十年來，仍承勝朝之餘烈，風靡一世。」[94]

熊十力也一則曰漢學「託於科學方法及外人考古學等，而藉西學以自文」；再則曰「漢學之焰，至今盛張（託於科學方法及考古學），毒亦彌甚，全國各大學文科學子，大抵趨重此途」。錢穆到晚年還在批評崇拜新材料的流弊在於「一意於材料中找罅縫，尋破綻，覓間隙，一若凡書盡不足信，苟遇可信，即是不值學問處，即是無可再下工夫處」。他尤其反對專「覓人間未見書，此所謂未發現之新材料；因謂必有該材料，始有新學問」。[95]後一語似乎特別針對前引陳寅恪關

---

93 《卷頭語》，《斯文》，2卷1期（1941年10月16日），2頁。

94 程會昌（千帆）：《論今日大學中文系教學之蔽》，《斯文》，3卷3期（1943年2月1日），2頁。

95 熊十力：《讀經示要》，臺北：廣文書局，1960年，卷一，8-10頁；卷二，104、142

於「預流」的一段話而發。

王汎森注意到,當時也有一些傳統派史家刻意不用或少用新史料,而且有意表示不用新史料也可以寫史。鄧之誠《中華二千年史》就是一例,他批評新派「矜尚孤本秘籍,采山之銅,豈不可貴?若之誠不敏,妄欲寢饋取求於《二十四史》中」。語雖自謙,實為有意對抗。對於新派史家之看重實物材料,鄧氏也批評說:「又今人喜臚前人實物,寶為重要史料,……特凡此種種,不過證史而已。史若可廢,考證奚施?且實物發現,較之史書所記,固已多少不侔矣」。若「謂金石以外無史,竊以為稍過」;而他自己的態度則是:「求證於金石甲骨,所得既渺,毋寧付之闕如」。[96]但這畢竟是未預主流者的抗拒,而史學界不讀常見史書的影響則長遠得多。

姚從吾於20世紀50年代初曾批評嚴耕望「只是看正史」,繼「又諒宥的說,『能讀讀正史也好』」。嚴氏明白其「意思是不大看得起」,可見這一傾向的影響。[97]到1956年,金毓黻還在說:「現在史學研究者(包括我在內)的毛病,就是拼命去找罕見的材料,而對於擺在眼前的大部報刊,反而熟視無睹,以為這些是普通材料,不值得一顧。」金氏討論的是治現代史,只要將其中「大部報刊」換作「二十四史」,則其所論與前引章太炎之言如出一轍。他進而指出:其實「很可寶貴的材料不在別處,即埋藏在這些普通報刊〔按二十四史亦然〕之中。其咎在於我們不肯正視它,所以才得不到應有的材料;一旦得到多人重視之後,重要材料就可以聯翩湧現。」他因而回憶起萬斯同教人治史先讀《實錄》,「現在我也知道治史應先從讀二十四史作

頁;錢穆:《學籥》,自印本,141-142頁。皆轉引自王汎森《民國的新史學及其批評者》,116、124頁。

96 參見王汎森《民國的新史學及其批評者》,123頁。

97 嚴耕望:《治史三書》,24頁。

起」。[98]

再到1957年，陳寅恪在撰錢柳姻緣考證時致友人書說：「弟近來仍從事著述，然已捐棄故技，用新方法、新材料，為一遊戲試驗（明清間詩詞及方志筆記等）。固不同於乾嘉考據之舊規，亦更非太史公、沖虛真人之新說。」[99]中山大學的姜伯勤回憶說：「1956年前後，陳寅恪先生在中山大學歷史系選修課『元白詩證史』的課堂上，說過一句大意如下的話，陳先生說：『我是要用開拖拉機的方法來研究歷史。』」姜先生以為：那是中國農業現代化之時，「拖拉機曾一度是現代化的一種象徵，是新事物的象徵。陳先生傳達出來的信息是，他要用一種嶄新的方法來研究歷史，並力求得到大面積的收穫。」[100]這是否即陳的本意不必論，但他欲再次為史學開新局面的心態大致可見。

陳寅恪這一次擬開展的新局面，其中不僅包括「新方法」，又再次要拓寬「新材料」，專門側重「詩詞及方志筆記等」。陳撰此書固別有所寄託，他晚年深感「縱有名山藏史稿，傳人難遇又如何」，其寄託之一大約亦希望藉此書以傳其方法。[101]可知其所欲傳之方法仍包括

98　金毓黻：《靜晤室日記》，1956年6月30日，瀋陽：遼瀋書社，1993年，第10冊，7189-7190頁。按金其實是有感而發，他本人治古代史多讀正史，而當時正利用報刊編民國史。這其實是他借讀范文瀾文章談體會為他自己的治史取向正名（當時范是正宗馬克思主義史家，而金恐怕只能是「資產階級」或「小資產階級」史家，正面臨一個學習改造和再定位的問題）。

99　轉引自陸鍵東：《陳寅恪的最後二十年》，北京：三聯書店，1995年，213頁。余英時先生論「太史公、沖虛真人之新說」甚明，參見其《陳寅恪晚年詩文釋證》，289-290頁。

100　姜伯勤：《陳寅恪先生與心史研究》，中山大學歷史系編《〈柳如是別傳〉與國學研究》，杭州，浙江人民出版社，1995年，99頁。

101　陳寅恪：《有感》，《陳寅恪詩集》，北京：清華大學出版社，1993，140頁。黃萱回憶說，她在1968年看望陳寅恪時，陳對她說：「我的研究方法，是你最熟悉的。我死之後，你可為我寫篇談談我是如何做科學研究的文章。」黃未敢應。見蔣天樞《陳寅恪先生編年事輯》（增訂本），上海：上海古籍出版社，1997年，182頁。

強調儘量擴展史料的重要性。不過，陳寅恪更早主要靠常見史料完成
的隋唐兩論，已充分展示了其運用常見史書材料的學術技藝。

陳氏的隋唐兩論提示著當年在史料儘量擴充的同時，似已出現逐
漸向常見史料回歸的現象（這在某種程度上其實也可視為一種「擴
充」，因許多新人物先已不看這些常見史料）。此不獨陳寅恪如此，蒙
文通在此前關於古史的研究即已基本採用常見書，而鄧之誠更明確其
專用二十四史。同時，疑古傾向也逐漸成為眾多學者實際針對的目
標：傅斯年提倡「重建」，陳寅恪主張「瞭解之同情」，錢穆傾向於
「心通意會」，蒙文通著意於「通觀達變」，郭沫若從馬克思主義的歷
史階段論得啟發，陶希聖從社會經濟發展中找證據；其所側重者固有
不同，而皆欲與疑古傾向有別則一。這兩者的結合導向一種相對而非
絕對、多元而非一統的史學觀念；少了懷疑，多了理解，顯係史學風
氣的一大轉折，這些只能另文探討了。

（原刊《歷史研究》2000年4期）

學術與社會視野下的二十世紀中國史學

──編書之餘的一些反思

　　新的世紀和新的千年即將來臨，在此辭舊迎新之際，「回眸」兩字在我們的各類言說中出現得相當頻繁，全社會似乎都帶點懷舊的思緒（與19世紀末中國人主要面向未來的傾向大不相同）。久已陷入「危機」的史學因為許多人「歷史感」的突然增強而似有枯木逢春的意味，在這樣的時刻來回顧和反思20世紀的中國史學，真可以說是適逢其時。海峽兩岸相關的學術研討會已開過不少次，《歷史研究》雜誌開闢了「二十世紀中國史學回顧」專欄，已刊發了相當數量的論文；而《近代史研究》1999年第5期也將推出「五十年來中國近代史研究」的學術回顧專輯。20世紀的中國史學的確已經到了應該有所總結的時候了。山東出版總社在此時推出《20世紀的中國：學術與社會》叢書，其中《史學卷》由我充任「主編」。編輯之餘，也有一些體會，下面即結合該書的編輯設想談談我對20世紀中國史學的一些看法，特別側重本書所論未及的一些面相和專題。[1]

1　有好幾個原設計的專題目前或尚無人研究，或研究得不夠充分，或未聯繫到學力足以完成該專題的學者，結果都取消了。最後確定的專題是：一、《引論：晚清的政治概念與「新史學」》（王汎森撰）；二、《民國的新史學及其批評者》（王汎森撰）；三、《20世紀中國馬克思主義史學》（蔣大椿撰）；四、《學科體制與近代中國史學的建立》（劉龍心撰）；五、《中國史學的科學化：專科化與跨學科》（王晴佳撰）；六、《20世紀中國史學學術編年》（陳力撰）。

依我的理解，這套書雖然試圖對20世紀的中國學術進行總結，但不是純粹的學術史，寫作旨趣與過去的史學史不完全相同，更多從社會視角觀察，注重學科的發展演化及其與社會的互動。《史學卷》即從整個世紀的發展著眼，注意考察20世紀將結束時與19世紀末20世紀初的史學狀況和對史學的內（史學界）外（社會）認知的相同與不同（即兼顧變與不變的兩面），並藉此凸顯20世紀史學與前此史學的異同。除了一般史學史中較重視的史學思想之變遷外，也希望關注歷史研究的主題、寫作和表述方式、所傳授的歷史知識（如歷史課本）、與史學相關的學術建制（institutions）、以及社會對史學的認知等方面的變化。

20世紀中國學術有一個重新分類的分化組合過程（一定程度上仍在進行中）。《史學卷》原希望有一專題討論史學這一學科在本世紀的確立及其發展演變，包括傳統史學的延續與中斷、新學術典範何時及怎樣形成一個達到「約定俗成」（即得到學人共遵）程度的共識、此後史學學科的發展演化等。結果各專題的作者各自從不同的側面論及這些內容，合全書而共觀之，大致可得一個概貌，然專門深入的研究仍待來者。

史學的專科化是20世紀史學的一大特徵，在各學科吸收與分化的長程中，史學幾乎無所不在，而似乎也快失掉其本身的學科認同，漸呈橫看成嶺側成峰的形象。1905年劉師培作《周末學術史序》，「採集諸家之言，依類排列」，所依的類即西學分類，包括心理學史、倫理學史、論理學史、社會學史、宗教學史、政法學史、計學（今日稱經濟學）史、兵學史、教育學史、理科學史、哲理學史、術數學史、文字學史、工藝學史、法律學史、文章學史等。在這樣一種新型的「六經皆史」思路下，專門的「史學」反而不存在了。這一分化的走向在整個世紀都在發展，到世紀末時仍呈增強的趨勢。21世紀的人或會

問：是否存在不涉及他學科也不分為子學科的「一般史學」或「總體史學」？如果存在，何在？若不存在，則什麼是史學？

專科化的結果自然逐漸導致跨學科的史學。梁啟超大概最早注意到其它社會科學對史學的協助工具，至少是早期最為強調這一傾向者。[2]此後提倡這一取徑的史家不少，但成功運用者實不多；真正較大規模而嚴肅認真地借鑑各社會科學的方法在臺灣是從60年代後期開始，而大陸則晚到80年代了。所以近年大陸史家仍在強調「跨學科的史學」（主要指史學需要各社會科學在方法論上的支持），[3]而臺北的杜正勝先生則認為如今史學界對社會科學的依賴和器重已較前減弱得多是史學界的「成熟」。[4]

這裏其實牽涉到史學的自主性甚至學科認同的根本問題。19世紀末20世紀初西方史學在研究領域和應用方法上受到各相關社會科學的極大衝擊，這導致從狄爾泰（Dilthey）、克羅齊到柯林伍德等人對史學自主性的強調，特別指出其與作為社會科學基礎的自然科學的不同（這些人關於史學不那麼「客觀」的言說其實正是基於對史學自主性的深刻關懷）。正是在這樣一個西方史學自身處於轉型和定位的關鍵

2　參見黃進興：《中國近代史學的雙重危機：試論「新史學」的誕生及其所面臨的困境》，《中國文化研究所學報》（香港中文大學），1997年新第6期。

3　我自己就是這些學人中的一個，不過我認為真正跨學科的研究需要跨學科的訓練，故主張不具備此類訓練者不妨先嘗試在史學範圍內跨越各專科化的子學科如思想史、社會史、軍事史等樊籬，以增強學者視野的開放性。參見羅志田《立足於中國傳統的跨世紀開放型新史學》，《四川大學學報》1996年2期。關於近年大陸學者的主張，參見《史學卷》中王晴佳先生的論述。

4　杜正勝：《史語所的過去、現在與未來》，「邁向新學術之路：學術史與方法學的省思」研討會，臺北1998年10月22-24日，19頁。不過，在同一研討會上，臧振華先生則提出「社會科學取向的中國考古學」，以區別於「歷史取向的考古學」（參見其會議論文《中國考古學的傳承和創新》，19頁）。

時刻，本身具有多歧性的西方「史學方法」開始影響中國。[5]對西方
史學缺乏整體瞭解而又極欲獲得新知的中國史家多依據其各人的觀念
和需要隨意摘取西方不同派別的史學方法中大致可以接受的部分（其
中又多先有日本人的選擇、加工和再創造），糅合入他們所熟悉的治
學方法中，而形成各具特色的新史學風格和流派。

史學的專科化和跨學科的史學這兩方面在《史學卷》第四、五兩
編中已較多涉及，而可以更深入探討者仍尚多。下個世紀的中國史學
幾乎可以肯定在專科分化和跨學科的路向上走得更遠，而史學的自主
性也必然引起更多學者特別是大陸學者的注意。有意思的是，克羅齊
和柯林伍德是近些年大陸學者引用較多的西方史家（最近幾年又較
少），但他們面對諸社會科學的衝擊而強調史學的自主性這一點從當
時到現在都甚少為國人所注意。這最能體現中國學者在引進西方學說
時有意無意中的選擇性，這一選擇性本身及選擇的過程和結果或者應
是研究西學怎樣影響中國史學所當進一步注意的問題。

《史學卷》原設計有一個「西方對中國的研究」專題，擬將20世
紀西方的中國研究作為一個整體來考察其發展演化，特別注重它與同
時期西方社會、思想與主流學術研究的關係（例如受德國蘭克史學、
法國年鑑學派史學、以及社會學、心理學、人類學、文化批評理論等
各方面的影響），希望寫出其變與不變的兩面。同時盡可能將經典的
西方漢學（Sinology）與廣義的「中國研究」（Chinese Studies）之間
的關聯作些考察，如果還能涉及一些西方漢學對中國學者的具體影響
就更好。西方漢學和中國研究在當地是相對邊緣的學科，對其整體把
握首先需要瞭解西方的主流史學進展。據我個人的孤陋見聞，目前尚

5　參見李弘祺《泛論近代中國史學的發展與意義》，收其《讀史的樂趣》，臺北：允晨
　　文化出版公司，1991年，220-221頁。

乏這樣的中國學者（只要看看我們各種「西方史學」的選本與歐美大學研究生「史學概論」課程的讀物差距有多大即可知）；故這一專題原擬請一位西方學者來撰寫，曾聯繫過數位美國學者，皆未能成功，只好放棄。

20世紀中國「新史學」的一個重要支柱是本世紀初開始逐步引入的西方現代考古學，而其與前此中國舊史學的一個重大區別也就是考古與歷史研究的結合。考古學曾給20世紀的新史學帶來許多希望，甚至出現了挖掘出「更精確、更複雜的『地下二十四史』」的提法（馬衡語）；惟因期望值過高也曾帶來一度的失望，[6]但考古學確實有力地支撐了20世紀的史學大廈。稍覺遺憾的是到20世紀後期集考古和文獻材料於一體的研究取向越來越少見，這固然因為今日中青年學人的跨學科訓練不足，但考古學與歷史學的疏離傾向逐漸明顯也是一個不可忽視的原因（考古學是否應該獨立於歷史學已成海峽兩岸學人的共同關懷）。無論如何，考古學的總結應該是20世紀史學不可缺少的一個部分。但因未請到合適的撰寫人士，這一專題也不能不放棄。

《史學卷》的最初設想原來還包括一個從研究取向和方法層面看學術典範的變與不變（兼及流派與代表論著）這樣一個專題。這一點我自己其實是有所疑慮的，中國傳統本不甚注重抽象出來的「方法」，謙遜一點的說「文無定法」，自信更足者便說「文成法立」。從練武學寫字到作文作詩作畫，大致都是從臨摹入手，在學得像樣的基礎上再思有所突破，即桐城文派所謂「有所法而後能，有所變而後大」也。但20世紀初清季學制改革時，已經半被「西化」的發凡起例

6　部分即因為「地下二十四史」長期未能出現，以至於專長考古的徐炳昶在1940年明確提出疑古的路已經「走到盡頭」，現在應「改走信古的路」，以在「傳說」中「尋求古代略近的真實」。參徐炳昶《中國古史的傳說時代》，14-23頁。1940年是徐先生署於其第一章「論信古」文後的撰寫時間，比該書的實際出版時間要早。

者都特別注重「方法」，那時的課程設置似乎每一學科都有「研究法」一門課，史學當然也不例外。後來胡適一生以言「方法」而著稱於世，梁啟超晚年還專門寫了《中國歷史研究法》一書，皆未嘗不受從清季開始的「方法熱」這一語境的影響。但這一專題也終於沒有找到合適的撰者，不過《史學卷》各編多少都涉及此類問題，而既存研究中涉及方法流派者亦多，可以參閱。[7]

我特別感到遺憾的是，與本套叢書的主題「學術與社會」關聯最為密切的內容，即史學與社會的互動關係，在《史學卷》中沒有得到充分的開展，所以我願意在這裏非常簡略地討論一下學術建制與史學研究的關係、與學術相關的新興社會行為（例如出版發表）、史學表述方式的轉變、以及史學的社會功能等問題。

如前所述，學術建制與史學研究的關係是《史學卷》特別希望考察的部分。在中國，從大學歷史系、史學研究機構到大中小學歷史課程的設置，以及學術刊物、專業學會等各類學術建制，基本是20世紀的新生事物。其發展演化及其（作為一個變數）對史學學人與史學研究產生的多方面影響，以及雙方的互動關係，都是大可深入探討而目前研究尚不足的內容，所幸《史學卷》中第二、四兩編已部分論及，但進一步研究的餘地仍甚為寬廣。[8]

---

7 蔣大椿主編的《史學探淵：中國近代史學理論文編》（長春：吉林教育出版社，1991年）中涉及史學方法者甚眾，張豈之主編的《中國近代史學學術史》中第二編專論「近代史學方法」，均可參看；並請參閱周予同《五十年來中國之新史學》，收朱維錚編《周予同經學史學論著選集》，上海：上海人民出版社，1996年增訂本；齊思和《近百年來中國史學的發展》，《燕京社會科學》第2卷（1949年10月）；許冠三《新史學九十年》，上下冊，香港：香港中文大學出版社，1986、1988年；胡逢祥、張文建《中國近代史學思潮與流派》，上海：華東師範大學出版社，1991年。

8 這方面最新也最詳細的研究是陳以愛的《中國現代學術研究機構的興起——以北京大學研究所國學門為中心的探討》，臺北政治大學史學叢書第3種（1999）。並請參閱陶英惠《國立北平研究院初探（1929-1949）》，《近代中國》（臺北），第16期

　　這些新興學術建制與20世紀新的社會環境和社會條件密切相關，因而也與今日學人愛說的「現代性」頗有關聯。換言之，新環境使治學的方式不能不發生變化，辦學術機構最力恐怕也最成功的傅斯年指出：歷史學「發展到現在，已經不容易由個人作孤立的研究了，他既靠圖書館或學會供給他材料，靠團體為他尋材料，並且須得在一個研究環境中，才能大家互相補其所不能，互相引會，互相訂正，於是乎孤立的製作漸漸的難，漸漸的無意謂，集眾的工作漸漸的成一切工作的樣式了。」[9]其實，中國傳統的地方書院和中央的國子監、翰林院等已大致具備聚集人才相互切磋甚至相互競爭這一社會功能（如曾國藩即到北京進入翰林院後才認識到自己其實「無學」而發憤用功），可以解決「獨學無侶則孤陋而寡聞」的缺陷。但正如留學歐洲的寄生蟲學家洪式閭所說，「各種研究所，均各有其專門之雜誌，以發表其成績」，[10]這就是傳統學術機構所不具備的新功能了。學術機構與專業雜誌的互動關係，特別提示了這是一種「現代」的研究機制。

　　的確，學術建制的影響不僅在於其直接的功能和作用，而且體現在因這些新建制的出現而引發的新興社會行為。「學術是天下公器」

（1980年4月）；張越《〈國學季刊〉述評》，《史學史研究》1994年1期；孫敦恒《清華國學研究院紀事》，《清華漢學研究》第1輯（1994年11月）；史復洋《〈燕京學報〉前四十期述評》，《燕京學報》新1期（1995年8月）；查時傑《私立燕京大學歷史系所初探（1919-1952）》，《臺大歷史學報》第20期（1996年11月）；杜正勝、王汎森主編《新學術之路：中央研究院歷史語言研究所七十週年紀念文集》。學科專業學會這一20世紀的新生事物大約是受西方影響而出現的，與清季人所說所辦的政治性「學會」是相當不同的概念。它們在專業人才的聚集、交流和切磋等社會功能方面作用極大（近年則似呈減色之勢，非學術的因素滲入漸多），有的學會並創辦了漸具權威性的學術刊物，對20世紀史學發展演變影響甚大，非常值得研究，惟似尚未見較有水準的論著。這一點承曾業英先生提示，特此致謝！

9 　傅斯年：《歷史語言研究所工作之旨趣》，收其《史料論略及其它》，49頁。

10 洪式閭：《東方學術之將來》，《晨報五週年紀念增刊》，1923年12月1日（附在《晨報副刊》第5冊，北京：人民出版社，1981年影印），19頁。

是老話，可當下就要作天下的「公器」，總試圖證明什麼，總希望說服什麼人，卻是包括史學在內的20世紀中國學術與傳統學術的一大根本區別；而且這一趨向有愈演愈烈之勢，西方學界所謂「不發表即走人」（publish or perish）的行為模式已越來越深地影響到中國學界，出版和發表這一社會行為今日對學術和學人的推促和制約絕不可小視。所以《史學卷》曾設計有「說服與證明：出版發表與20世紀史學」這樣一個專題，希望討論出版物（包括報紙副刊、綜合及專門學術期刊、書籍出版等）及「發表」這一社會行為對史學（及史家）當下的和長遠的直接間接影響。

早在1905年，就有國人認為「一國之文明，繫於一國之學術；而學術之程度，恒視其著述之多少為差。著述者，其研求學術之結果乎。」[11]到1923年，強烈主張中國應仿傚歐美組建各類「研究高深學術」的專門機構的洪式閭在說到各種研究所均有專門雜誌以發表其成績時進而指出，「成績愈多，則其在學術上之地位愈高。而所謂學術中心之所在，即以發表成績之多寡定之。」[12]這樣的觀念當然到很晚才漸成「定論」（其實或仍未定），1925年陳寅恪（時年36歲）即全據學識廣博的聲譽而與其長輩梁啟超同居清華國學院的導師之列（他當時似乎只發表過一篇《與妹書》，也無外國學位）。但以著述的數量來衡量學術「程度」的觀念似乎得到越來越廣泛的贊同，今日仍有力地影響著我們的學術評估體制。

如今的學術機構和學者個人每年都要填報相當數量的表格以「證明」自身的學術成就，惟實際的學術水準是否應以計量的方式來衡定，在學術界又迄今仍未取得充分的共識。今日史學著述從數量上看

---

11 衛種：《二十世紀之支那初言》，《二十世紀之支那》（1905），張枬、王忍之編：《辛亥革命前十年間時論選集》，卷二上，北京，三聯書店，1963年，61頁。

12 洪式閭：《東方學術之將來》，《晨報五週年紀念增刊）》，19頁。

應是前所未有的繁榮，但學界對這些著述的品質卻存在著千差萬別的認知（「以量取勝」的傾向產生出一個附帶影響，即近年大部頭的著述遠較前為多，其中不占少數的明顯帶有「述而不著」的「編書」意味），其中以為未必高明者實不占少數，不少人甚至覺得史學處於「危機」之中。這個問題當然不僅與史學有關，對此的不同見解還會延續到下個世紀，不過瞭解和認識這一觀念的演化進程顯然是治學術史者責無旁貸的任務。

出版和發表的社會行為也極大地影響到史學表述即寫作方式的轉變，這也與對科學的嚮往有關。張君勱注意到，自科學引入，「國人之著書，先之以定義，繼之以沿革，又繼之以分類、分章、分節，眉目了然」，認為這才是「科學的」。[13] 大體言之，西方傳教士最先提供了與今日章節體近似的史學書籍樣本，但真正影響中國學人的恐怕主要是從日本人那裏傳過來的章節體通史，然後才發展到斷代史和專門史著作，再後來則逐漸接受今日通行的「學術論文」形式，以具體的專題為內容（近於長篇論文）的著作也日多，到今天則論文和專題著作已成為史學表述最普遍使用的方式了。[14] 這樣一種由通向專的發展趨向在《史學卷》的《史學學術編年》中可以清楚看到，但與後來許多學者主張在專題研究的基礎上再撰寫通論性著作的研究取向幾乎完

---

13 張君勱：《再論人生觀與科學並答丁在君》，收《科學與人生觀》，濟南：山東人民出版社1997年橫排新版（用亞東圖書館本），62頁。

14 新的表述方式不一定全是外來的。廖平的《今古學考》應可以說是以特定題目為先導的專題著作，似已開後日「專著」之先河。不過廖著當年流傳不廣，康有為在廖平著作基礎上發展而成的《新學偽經考》和《孔子改制考》則同樣為專題著作（一般皆承認康說襲廖，但似未注意康在表述方式上也學廖），而影響廣被全國；結合康在萬木草堂講一個一個的專門題目而不是一本一本地講授經史著作的新講學方式，康在近代學術史上的地位還要重新定位（梁啟超在湖南時務學堂即沿用萬木草堂講學方法，曾引起傳統派大嘩，而趨新的皮錫瑞則暗學之），這些只能另文討論了。

全相反；而其影響則貫穿整個20世紀，近一二十年大陸許多「新興」的專門史研究仍可見通史領先於專題論著的現象。

其實，今日通行的「學術論文」的形式何時出現，特別是何時為大家所共同接受，也是很值得研究的問題。這又與發表論文的定期或不定期學術刊物的出現和發展直接相關。洪式閭所說的依照西方學術分類的專門學術刊物在20世紀的出現其實較晚，從早期的《國粹學報》到北大的《國學季刊》，雖可見越來越走向純學術化的傾向，惟這類刊物以今日的觀念看大致仍屬綜合性而非專科類期刊。即使在一些專門化的學術期刊出現後，不少研究性的論學文章仍常常刊發在《東方雜誌》這一類商業性的綜合雜誌或者報紙副刊（報紙副刊本身也是出現稍晚的事物）之上，這恐怕部分也因為「學術論文」這一概念的確立較晚。

李弘祺先生認為，傳統中國人治學從筆記的短篇記述或考證而逐漸發展出撰寫長篇札記的方法，「在清朝時用以治經考史，竟然能演化成一種簡單而實用的歸納法。後來因為合數篇考證而使一些史家能開始作有系統的尋繹歷史演變的通則，寫成長篇探討制度、風俗、文物的作品」。尤其是趙翼等人的「札記」，其「長處便在於能把論點作有條理的表達與敘述，而其敘述的本身便是舉證」，已接近於後來的「學術論文」體。這樣的寫作方法為晚清以來中國史家所熟悉，因此才能「大致承受得了近代西洋史學之衝擊」。從章太炎的《官制索隱》到王國維、羅振玉的古史著述，再到顧頡剛關於古史「層累堆積說」的表述，中國學者進而接受現代西方史學的寫作方法，正是「很自然的演變」。[15]

有意思的是，章太炎、劉師培等以經學見長的學人都很看不起趙

---

15 李弘祺：《泛論近代中國史學的發展與意義》，213-224頁。

翼,而比較具有「現代」意識的史家則對其頗多推崇。梁啟超指出趙翼長於當時史家之處在能用歸納法作比較研究,「以觀盛衰治亂之原」。蒙文通認為趙翼的《廿二史札記》「可說是自成體系的通史,只不過沒有把人所共知的史實填充進去而已」。陳垣雖然對學生多講錢大昕,他自己倒認為「百年史學推甌北」。金毓黻更盛讚趙氏,以為他意在「總貫群史,得有折衷」,對歷朝之「一代大事」,更能「列舉多證,娓娓而談,以明其事之因果嬗變,尤合近代治學之方法」。[16]

金氏所讚賞之「近代治學之方法」,大約即暗含表述其研究成果的寫作方式。齊思和認為趙翼治學與乾嘉時代通行的史學方法不一樣而「獨創一格」,即「創出將正史分成若干小題來研究的方法」。[17]這應該已接近後來「論文」的形式了,故李弘祺的說法大致可成立。20世紀中國最早的現代論文形式,賀昌群以為應屬《國粹學報》中的文章,可備一說。[18]但當時不僅未能成為學人共遵的形式,且「論文」這一名稱的使用也確立甚晚。樊少泉在1922年談到王國維的《殷周制度論》時,仍說「其書雖寥寥二十葉,實近世經史二學上第一篇大文字」。[19]可知當時尚未確立(或至少沒有明確的)今日意義的學術「論文」概念,著作不論長短,大致仍以「書」名之。有關「論文」形式的確立及其發展沿革,仍待進一步的深入研究。

討論史學與社會的關係,最重要者或莫過於歷史研究在當下的社會中起什麼作用這一不能迴避的問題(其實也已牽涉到史學的意義與

---

16 說詳羅志田《清季民初經學的邊緣化與史學的走向中心》,《漢學研究》第15卷2期(1997年12月)。

17 齊思和:《近百年中國史學的發展》,7頁。

18 賀昌群:《一個對比》,收入金自強、虞明英編《賀昌群史學論著選》,北京:中國社會科學出版社,1985年,534頁。

19 抗父:《最近二十年間中國舊學之進步》,《東方雜誌》19卷3號(1922年2月10日),37頁。

價值何在這一更高遠的問題）。今日史學研究者可能常常會遇到其它行業的人善意或不那麼友善的問題：研究歷史有什麼用？但這同時也是一個持續不止百年的問題，19世紀後期身處西潮衝擊之下的士人其實一直在思考包括史學在內的中國學術怎樣「致用」這一大問題。

中國傳統史學的一大功能是「資治」，歷史研究可以提供小到個人生活大到國家政治得失的經驗。但是這一功能至少在20世紀始終處於程度不同的懷疑之中，20世紀的大到全人類小到中華民族的經歷中，有太多不令人樂觀的現象，人們有理由要思考：要麼史學本不具備「資治」的功能，要麼本世紀的史學研究太讓人失望，使政治未能得到「應有的」借鑑。

如果換個視角，至少在中國，在追隨者或聽眾決定立說者地位的時代，史學是否具備這一功能，或者是否成功地發揮了這樣的社會作用，其實主要看社會和社會中人對史學是否有這樣的期望，即是否往史學中尋找思想資源。如果政治人物和公眾根本不關注歷史學者的研究成果，史學又怎麼能提供得失的經驗呢？這個問題似乎有點循環論證的意味，但如果史學確有類似「資治」的功用，20世紀中國史學的實際發展恰是一個惡性循環的典型例證：當整個本土文化傳統自身基本不再成為思想資源的時候，與往昔（past）關聯最密切的史學自然地與「無用」（嚴復語）聯繫起來，人們當然也就不向史學尋找借鑑；既然社會需求基本不存在，史學是否能「資治」這一問題的解答在某種程度上其實已經前定，研究成果的高下大致已是次要的問題；這一傾向同時也會引導史家有意無意間不朝這一方向努力，結果必然導致史學與社會的進一步疏離。

有時候，掌握權勢的政治人物對歷史的興趣也可影響史學在社會上的地位，但這與史學是否能「資治」似無直接的關係；這一點只要製作一個政治人物對歷史的興趣與其政績的對照表格就可以明白，正

式的結果當然要認真研究後才能得出，我的初步感覺是研究者和讀者也許都會發現史學具備「資治」功用這一觀點在20世紀的政治經歷中找不到有力的支持。今日治史者仍不乏懷有「資治」心態者（包括一些真的在「借古諷今」之人），但已絕非多數。不少史家實際是朝著「純學術」的方向在努力，另外更多以史學為業者恐怕根本就是為「吃飯」而已（這絕無貶低的意思，許多人以此為業受到各種因素的影響，原非其個人主動的選擇；甚至大學歷史系本科招收「第一志願」的學生也為數不多，其間不少人後來以史學為業不過因為主要只受到這方面的訓練、從業較方便吧）。

那麼史學究竟有沒有用或有什麼用？這的確是一個較難回答的問題。近代中國許多提倡以歷史激發愛國心的學人又同時主張學問不應問其有用無用，如主張「以國粹激動種性」的章太炎便又認為「學者在辯名實、知情偽，雖致用不足尚，雖無用不足卑」；一切皆「以實事求是。有用與否，固不暇計」。[20]這說明他們自己對此也存一種兩可也兩難的態度。應該說，作為人類知識的一部分，史學自有其存在的價值。若理論化一點，過去人們或說歷史是人類社會的集體經驗和記憶，沒有歷史的社會或族群，就像失去記憶的人，生活在沒有時間因素的空間中，因而無法得到存在的意義。故一個社會或族群的存在實依賴於其歷史的存在，而「歷史」已逝去，需要史學來重建（重建出的歷史是否真實客觀又是另一層次的問題）。

今日比較純粹的學者或者根本不考慮史學的當下功用，但知識是否應與社會互動呢？這或者可以視為一種「現代」的問題，因為後現代主義者根本認為學術研究不可能疏離於（因而不如直接參與）所處現實社會的權力運作。如果退而僅從史學的治學視角看，史家是否需

---

20 章太炎：《與王鶴鳴書》，《章太炎全集》（4），1985年，151頁。

要瞭解其所處的時代呢？孟子提出的「論世知人」史法似乎提示著肯定的回答。三十多年前，史家沈剛伯就以《史學與世變》為題討論了史學發展與時代的關係。在後現代主義的衝擊下的西方學界，史學家是否應主動介入「歷史的製造」已成為每一個史家面臨的困惑。今日海峽兩岸的學人也都（因不同的語境）在思考和探索史學怎樣為現實服務或史學如何從時代社會轉變的刺激中尋找研究的新路徑和新境界這類問題。杜正勝先生在1990年為《新史學》寫的《發刊詞》中已提出：「希望本刊出現的論文題目能扣住時代變動的脈搏」。到1998年他更認為，「如何接受外界不斷的刺激以產生新觀念、寫作新史書，如何從時代社會的轉變中尋找靈感以開展研究的新路徑和新境界」是史學界不能不認真思考的問題。[21]

　　當然，任何門類的「學術」的社會價值之一正在其與所處社會的距離感（以及實際的距離），史學如果走向社會甚至走入社會，怎樣保持其相對的「學術獨立」？怎樣做到不隨社會之波而逐社會之流？把握這一分寸恐怕是所有史學學人不得不深思熟慮的一個基本問題。後現代主義者以為學術本不獨立，這原本是不錯的。任何時代的學術從來不能逃避外在的影響，所謂的「象牙塔」根本只是理想而已。但如果大家提倡學術獨立及傾向於獨立，應能營造或促成實際的距離或距離感。有獨立為目標，即使是感覺或認知上的獨立（即距離感），也許仍能維持一定程度上學術的清流地位。除非徹底放棄任何程度的獨立理想，主動介入的主張恐怕過高估計了學術及其載體學人的定力。一旦主動介入所謂權力運作程序，不但其互動的發展恐非學術所能控制，就是學術自身的發展也許會被扭曲到變形甚至不成形。無論

---

21 杜正勝：《發刊詞》，《新史學》創刊號（1990年3月）；《史語所的過去、現在與未來》，21頁。

如何,史學與世變的關係將會比過去更密切,大概也是下個世紀學術發展的必然傾向。

說到後現代主義對史學的衝擊,最根本的還是其對歷史知識可靠性的質疑,也就是一般所說的究竟有沒有客觀的歷史學。在整個20世紀進程中,不僅史學研究的對象與研究方法在不斷開拓轉換,對歷史研究本身的態度也有相當大的轉變。由於自然科學的發展,19世紀末20世紀初西方對「真理」的態度曾是非常樂觀的。在此影響之下,盛行於西方的蘭克史學的一個特徵是樂觀或英雄主義的,即認為研究者掌握了全部或完整的史料即可以客觀地重建真實的歷史。但這樣的觀點在第二次世界大戰後越來越受到挑戰,物理學本身即有所謂「測不准」觀念,提示了觀察工具對觀察的干擾。既然科學主義標榜的客觀性在科學內部已受到挑戰,以科學主義為基本假設的實證史學自然不能逃脫衝擊。[22]

後現代主義者即認為,一切所謂的歷史知識,不論其客觀的存在性如何,當其被經由某種程序(而不是其它可能的程序)記錄下來,又被史家有意識地加以選擇組合之後,均只能是主觀態度的產物。至於其存在的目的,不論有意無意,則為支持某種既存權威意識形態的工具。這些見解確實擊中了實證史學的要害,後現代主義已經引起史家對歷史材料的有效性和可信程度的進一步審視,並推動史家更加密切地注意研究者自身的價值觀對研究的影響。今日史家所重視的早已不僅是材料的真偽和完整,而是要考察材料在何種情形下因何目的並經何途徑怎樣留存下來,以及這樣留存下來的材料在多大程度上能使後人瞭解或認識到歷史事物的「真實」發生發展過程。越來越多的史

---

22 參見許倬雲:《社會科學觀點的轉變與科際整合》,「邁向新學術之路:學術史與方法學的省思」研討會,臺北1998年10月22-24日。

家已在反省研究者本身的生活經歷、文化背景以及意識形態等對研究的影響。[23]

今日史家對史學是否「客觀」甚至歷史的「真實」這一問題的觀察和思考已遠比本世紀開始時更為開放和多元化,「後學」衝擊之後的21世紀史學可能意味著歷史知識體系的重新組合,以及對歷史知識的性質、意義甚至史學本身的價值進行重新評估。仍然存在的問題是,在後現代史家把史學的相對性揭露無遺以後,他們是否要重建歷史?如果答案是肯定的,他們將重建出什麼樣的歷史?如果是否定的,他們怎樣進行研究?怎樣表述經其研究過的「歷史」?

中國史家傅斯年在二戰後不久論學術的客觀性說:若推到極端,不論社會科學還是自然科學,都只是個「理想的境界」。我們「想以客觀為理想而去努力,尚且弄得不客觀,一旦完全把客觀放棄,認為是不可能的、不需要的」,甚或「以為一切社會的方法都是從某一主觀的法規,這對於社會科學之進步當然是一個大障礙」。[24]「進步」可能又是個「現代」的概念,不過,當孔子提出「知其不可而為之」的時候,他也許已經體會到人類認識能力及實踐能力的相對和有限,但「雖不能至,心嚮往之」的態度可能仍是接近真理(如果確實存在的話)的唯一途徑。

（原刊《近代史研究》1999年6期）

---

23 由於我對後現代主義完全外行,這裏的討論參考了1998年10月在臺北中研院史語所召開的「邁向新學術之路:學術史與方法學的省思」研討會上蒲慕州先生《生活史研究與人類學》一文的結論部分(14-16頁)和黃進興先生關於「後現代主義與歷史研究」的發言。黃先生就此題目撰寫的專書不久即將出版,可以參看。我個人的一點淺見可參閱羅志田《後現代主義與中國研究:〈懷柔遠人〉的史學啟示》,《歷史研究》1999年1期。

24 轉引自杜正勝《史語所的過去、現在與未來》,15頁。

前瞻與開放的嘗試：《新史學》
七年（1990-1996）

  由一批「少壯派」臺灣學術精英自辦的民間純學術刊物《新史學》創刊於1990年春，至今已出滿7卷（第8卷已出兩期）。幾年前《中國史研究動態》已有兩篇簡約的介紹文章[1]，但對這樣一種學術地位日益升高的重要史學刊物，大陸學界似需要進一步更全面的瞭解及學理上的因應。本文並非這樣的全面考察，不過試從學術層面對該刊物的辦刊取向、欄目形式，以及1-7卷已發表文章的內容等作一些初步的探討和評介（相對偏重大陸學者的興趣所在）[2]，希望能稍增進我們對該刊物的認知。

一　辦刊取向與欄目形式

  《新史學》的《發刊詞》稱，「時代環境的轉變將是刺激新史學

1　韋慶遠：《喜讀〈新史學〉》；呂端：《介紹臺灣一份歷史刊物〈新史學〉》，分別載《中國史研究動態》1993年2期，1994年10期。其中呂端先生所寫的一篇，較多地反映了刊物發起人的心態和意圖，大約是熟知內情者所為，以下引用該文凡正文中已說明則不再注出。

2　我在此文的撰寫中，曾利用到臺北講學的機會，特意提出希望約見《新史學》的編輯同人，承他們同意與我進行了一次專門的座談，詳細回答了我提出的問題，使我瞭解到許多辦刊的設想（有些未曾以明確的文字表述出來）與努力的進程，文中信息凡以「據說」帶出者，均得之於此次座談，特致謝忱！

誕生的最佳契機」，而該刊的發起正是有感於本世紀末世界秩序的變化和全球經濟重心的轉移，並注意到電子電腦的深入社會有可能引起人類知識「革命性的改變」；這樣，「在一個眼光、觀念更新的時代裏，人類對於過往的歷史亦將重新反省、重新認識」。二十一世紀的史學家將「更自主、更客觀地瞭解歷史的本質和人類生存的目的。」故該刊的自定位是「以前瞻、開放、嘗試〔的〕態度研究中國歷史的學術刊物」；即眼光要前瞻，心胸要開放，而態度則是嘗試的。

　　與過去標榜「新史學」的中外學刊有一個明顯的區別，《新史學》雜誌明確其並「不要創造某一新學派」，而是「要嘗試各種方法（不論已用未用），拓展各種眼界（不論已識未識）」。具體言之，對20世紀中外史學積累下來有待解決的問題，諸如怎樣處理多少有所衝突的「個人與群體」、「方法與資料」及「分析與描述」這些從研究對象、研究進程到表達方式的種種面相，該刊都希望各方面的史學同道共同參與，在切磋與探索中「培養一種不斷追求歷史真實和意義的新風氣」，以「創造二十一世紀中國的新史學」。

　　就臺灣的史學研究語境而言，《新史學》與《食貨》雜誌有間接的承繼關係。早年創刊於大陸的《食貨》曾長期是臺灣學術界主要的史學刊物（因《史語所集刊》和《近史所集刊》及各大學史學刊物基本不對外），1989年《食貨》因故停刊，臺灣史學界只剩《大陸雜誌》一枝獨秀，同人多有「刊物危機」之慮，而《新史學》出。但該刊與《食貨》的取向又有所不同，《食貨》最初自名為「中國社會史專攻」，後正式定位為「中國社會科學雜誌」（側重於社會經濟史，與今日大陸的「社會科學」概念稍不同）。《新史學》則立意「不特別標榜社會、經濟、思想或政治的任何一種歷史」。

　　該刊創辦之初，臺灣學界曾有誤解，以為是要「打倒」以歷史語言研究所為代表的「舊史學」。其實就廣義言之，以傅斯年提倡的史

學取向為基準的「史語所史學」，也是20世紀中國「新史學」的一支。《新史學》所要「新」的，是要「能揭發真理、啟示人類、導引文明」，而不在觀念與方法這些「形式」上做文章。正如呂端先生所說，「唯有不斷探索新領域，尋找新課題，採擷新方法，參考新理論，解釋新資料，那麼建立起來的歷史新構架和描繪出來的歷史新面貌才可能更接近真實的歷史。」[3]

　　《新史學》每期基本分論著、研究討論和書評三部分，這與大陸的學術刊物基本以論文為主的風格甚為不同，而與西方學刊每期論文少而書評多的特點相對接近，但也不完全一樣。特別是固定的「研究討論」欄目，是一般西方和大陸史學刊物所無的。該刊與大陸多數學術刊物還有一大不同，即對研究文章的字數限制定為不超過三萬字（實際也偶有超過者）。這一點也與西方一般的文科學術刊物相近，但與大陸刊物多數將論文字數限制在萬字以下則相去甚遠。[4]

3　據《新史學》的編輯同人說，當初創刊時究竟以什麼為刊名，頗費斟酌，久議不決。他們也考慮到「新史學」這一名號有傾向性，未必能完全代表發起人的初衷。但對無數個名號進行討論之後，感覺還是這一個相對更合宜，乃定此名。

4　大陸史學刊物和可發史學文章的學術刊物對字數的限制近年有越來越少的傾向：一般不超過八千字，更有相當數量的刊物要求不超過六千字，能發萬字文的已屬較有「氣魄」者。只有中國社科院所屬刊物能刊登萬字以上文章，也一般不超過一萬五千字（《近代史研究》除外，《歷史研究》也在改變）。這是近些年才有的現象（看50年代的刊物就並不如此），據說是因為刊物的篇幅已基本固定，而需要晉升職稱的人又太多，而很能體現中國文化的人情味。但這樣的辦刊方針多少對學術品質有所損害。一般地說，萬字文除突破性的新發現外，實難詳細清楚地論證一個中等大小（即適合於「論文」）的題目，稍大的題目幾乎是剛開場就收場，所論無法不空（數千字的文章就更不必言了）。然而，突破性的新發現是可遇而難求，結果實際可做並能言之有據的文章就只剩小考證了。考證非近年大陸學者所欲為，而且做慣此類小文章必然限制學者的眼界。說句不敬的話，今日大陸史學文章常有不空就細小的特點，恐怕與多數史學刊物的字數限制不無關聯。中國史學要走向世界，有地位或希望有地位的史學刊物不可不在此方面放手改革。

該刊「研究討論」這一欄目的設置很值得注意，該欄文章一般在萬字左右，既包括對某一特定題目研究現狀和今後趨勢的評述與預測（早期曾專設「學術動態」一欄，後似與此合併），也有對中西特定史學方法、取向及學派的檢討，還有對某一領域的新研究設想（如杜正勝的《什麼是新社會史？》），或者某種新研究方式的提出（如許倬雲的《試論網路》），甚而對整個史學的反思（如劉子健的《史學的方法、技術與危機》），有時也有對具體題目的初步探討（如林富士的《「巫叩元弦」考釋》，此類較接近大陸史學刊物不時刊載的「讀史札記」，但其更注意對整體研究的啟示，所見似更廣遠）。總之，一切讀史所得已成一定規模而又非專題論文、且欲引起同人注意、思先得同道之批評商榷者，均可在此欄刊佈。西方學刊也常不固定地發表此類文章，即所謂「研究札記」（research notes）。個人以為大陸學刊也可考慮增設類似欄目（起初是否為固定欄目可斟酌），讓學人之間以及讀者、作者、編者之間有一相互溝通的學術園地。

據說該刊在創刊之初，其書評部分所佔篇幅原擬仿傚西方刊物，後因稿源不足，未能達到預期目標，實際約占全刊五分之一篇幅（這樣的篇幅仍遠遠超過大陸史學刊物中書評的分量）。該刊特別希望在書評的品質上進行改革，主張務實而戒吹捧、戒空話，希望藉此推動或引導學術的發展，並「建立客觀理性的學術評論風氣」，然似尚未完全做到。從所刊的書評看，對所評書籍內容的介紹比較詳細，比較注重學術規範，評論部分基本限於學術範圍，空話不多；與大陸學術刊物的書評相比，更能指出書籍不足的一面，相對較少吹捧的成分（大陸一些主要史學刊物近一兩年的書評在此方面也有明顯改進）。有些評介西方史學名著新著的書評，對與西方史學界的接觸尚未常規化的大陸學人，較有參考價值。

但該刊的書評品質尚不穩定，偶有諸如「我比較喜歡……」一類

個人色彩較重的語句（學術書評以「客觀」為宜，似乎是一約定俗成的慣例，但這是否就是一個「必須」的條件，或者也還可以商榷）。在評論——特別是評論大陸著作——時偶而也過於「客氣」。如某篇評論在說了不少研究方面的發展創造之後，又婉轉指出該書其實更多是一本通俗性的作品，實不知前面所言的優點從何而自（坦率地說，個人以為「通俗作品」的評論似乎並不包括在《新史學》這類刊物的範圍之中）。今後倘能在「評」的部分做到評者與原作者進行學術上的真正對話，或能更上層樓。

《新史學》有一批繳納年費的固定常務社員（早期以「中央研究院」歷史語言所和近代史所研究人員為主，後各大學教師參與漸多，約占半數）[5]，但社員寫稿約占四分之一，並不是同人刊物。該刊園地是開放的，作者面較寬，也包括大陸、歐美、日本等國家與地區。下表是一大致的統計：

表1

種類＼作者	臺灣	大陸	香港	美國	日本	其它	合計
論文	50 (64%)	14 (18%)	4 (5%)	10 (13%)			78 (100%)
討論	42.5 (63%)	5.5 (8%)	5 (8%)	10 (15%)	1 (2%)	3 (4%)	67 (100%)
書評	73 (77%)	7 (7%)	4 (4%)	8 (9%)		3 (3%)	95 (100%)

---

5 值得一提的是，該刊發起人和社員用自己的錢辦刊，作風儉樸，有一股卷起袖子幹事情的精神。在未實行電腦化以前的那幾卷，包括院士、研究員（教授）在內的社員都是自己到印刷廠作校對工作。一般到臺灣訪問的大陸學人，每慨歎其大學教師和研究人員的物質待遇和研究條件的優越；但在一個充分商業化的社會中靠學人的私力創辦沒有「經濟效益」的學術事業，或較非商業化社會困難轉多。這些學人的儉樸清新風氣，實可供正面臨「商業化」衝擊的大陸學人參考。

　　從表中可見，論文方面大陸作者不算少。以第2、5兩卷的大陸作者最多，論文各有4篇，分別占該卷論文總數的五分之二。而第6、7卷論文已基本無大陸作者（僅第6卷研究討論有一位大陸作者）。不知是與編輯的輪換有關，還是「專號」增多的原因（專號因要事先組織約稿，作者通常以臺灣學者為主）；惟希望不是原有的「開放」宗旨受到世風影響而在無意中有所轉移。據說近一兩年大陸學者的投稿率較前為高，但有可能是因受刊物限制寫慣了萬字以下短文章所致，大陸稿件以空論性的短稿為主，結果是退稿率也高（臺灣刊物均統計退稿率，作為評估的標準之一）。

　　如果對該刊所發表文章做一大致的分類：

表2[6]

	中國古代史	中國近現代史	中外史學通論	合計
論文	59（76%）	14（18%）	5（6%）	78（100%）
研究討論	29（43%）	13（20%）	25（37%）	67（100%）

　　則可見最明顯的趨勢是中國古代史所佔比例甚大，而中國近現代史則嫌太少。這一點在論文中表現得最清楚，古代史與近現代史的比值大於4：1。研究討論部分因欄目的特定立意，有關史學方法和取向等的史學通論文章已接近古代史的數量，但近現代史仍與論文比例相類，僅占五分之一。本表未納入的書評部分也呈現同樣的趨勢，所評書籍中古代史書籍約近70%，所佔比例與論文所佔比例相近；而體現西方史學新走向的著作與史學方法著作約可占到接近20%，其餘不過

6　關於表2需要說明的是：1、表中的「研究討論」包括不經常出現的「研究動態」欄目。2、書評部分無法納入這種簡單的分類，主要因為所評書籍涉及面太寬，包括較多的外國史學作品及通史、專門史等。

稍多於10%。這大體上反映了兩岸史學界的一個共相，即古代史的研究人員要比近現代史的多（但正日益接近中），而古代史的整體研究水準因積累厚的緣故也相對高於近現代史（這一點許多近現代史的研究者或未必同意）。

同時，該刊這一趨勢的形成大約與編輯人員自身的專業及來稿也都有關聯（為了能夠不斷創新和進步，並防止淪為特定人物或學派之「專刊」，該刊大致每年由數位常務社員輪值擔任執行編輯，且堅持每年全面更新編輯群，甚少重複），這再次體現了該刊以自然發展為主的隨意性，卻似乎不應是一個綜合性史學刊物應有的現象。因為隨意性有時也會產生不那麼「隨意」的後果：《新史學》在很大程度上已實際「淪為」特定「學術社群」即中國古代史研究者的「專刊」。若真要貫徹該刊眼光前瞻的立意，著眼於二十一世紀，則近現代史研究的數量顯然要遠遠超過五分之一才符合一個綜合史學刊物的尺度。

當然，今日辦任何民間學術刊物，都不大可能完全依照辦刊者的初衷來進行，而必然會在一定程度上為學術界的大趨勢所左右。除了縱的古代與近代不能平衡外，從各子學科的橫向分佈看，該刊已經刊發的文章基本是以文化關懷為主的社會史，有關政治、外交、軍事史等方面的文章甚少，偶有論及也多是放在文化與社會的大框架中進行論證分析，實即廣義的文化史（該刊則自命為「新社會史」）。結果，立意不特別標榜某種傾向的《新史學》很快就給人以有特定「傾向」的印象。這很可能是因為該刊的投稿者多受到二戰後西方史學走向的影響，學人本身先有一定的「傾向性」，終「迫使」刊物自然而逐步地形成了特定的傾向。

有意思的是，該刊所發表的論文中，明顯的文化史（其本身也缺乏一個普遍接受的界定）研究也不多，這或者因為文化概念已被廣泛地融入其它專門史研究中。同樣，政治史的論文甚少，其中一個重要

原因即是權力意識已有力而深入地被引進各種新興專門史（如婦女史、性別史、疾病史等）及包括社會史、思想史在內的相對傳統的非政治專門史之中。故從根本上言，這些被文化和權力意識浸染了的子學科是弱化了還是強化了，也還可以思考。

今後一個可能的趨向，也許是各專門史逐漸厭倦過分的「權力化」而將此類意識逐出其門牆，但因各專門史所提供的新權勢關係足以改變人們對「政治」的觀念，從而產生一股修正政治史的願望和努力，最終導致一種政治史的「復興」或新政治史的出現。同樣，文化史也可能要等到其從各專門史中游離出來之時，才有希望獲得一種具有廣泛共識的新認同。

另一方面，軍事史、外交史論文的幾乎不存在雖然與西方前些年的大趨勢相關，但反有可能更多是受內在因素的影響。不論大陸臺灣，重文輕武的傳統文化的潛在影響一直較強，從本世紀初以來軍事史就是中國史學的一個弱項，而且可以說根本沒有進入史學論域的核心。兩岸研究軍事史者主要都在軍界本身，他們與一般史學界的交往仍待加強，甚至其在研究中使用的「話語」和一般史學界都有一定的差別。同樣，外交史也是我們的傳統弱項，甚至外交本身，也是隨著近代西潮入侵才進入中國社會的新事物。故中國史學在外交史方面的積累本不厚。近十年來西方的軍事史外交史都因滲入強烈的文化與社會色彩而漸有復興的趨勢（軍事史尤甚），將來或會逐漸影響我們的研究。但學術發展受學科積累的影響雖無形而深遠，因資料、學者興趣、專門知識等多方面的限制，兩岸的軍事史和外交史恐怕還會持續「冷淡」相當長的時段。

與大陸學刊基本由編輯審稿決定取捨不同，《新史學》堅持嚴格的（編輯以外的）專家審稿制度，約請海內外同行專家審稿，去取則根據審稿意見而定（據說該刊的退稿率在30%左右）。這是西方通行

的制度，因大部分學術刊物的編者都是由學人兼任、基本不像大陸這樣每一刊物都有相當數量的專職編輯人員。這一制度的好處在於評審相對更客觀（因專職編輯人員雖也各有專長，但因職業需要而必須具通識，有時對一些比較專門的問題不得不憑直覺和閱歷作出抉擇），且作者、編輯和審稿人可藉此相互溝通，無形中還可起到培養學者的功效：該刊鼓勵青年學者投稿，審查專家提出的修改意見，可幫助作者改稿，而投稿者也就從中受到了從研究方法到論文撰寫的一些實際訓練。

總觀該刊所發表文字，書評部分年輕作者最多，研究討論次之，而專題論文最少。但也可明顯看到一些在較早卷期中以書評開始其學術撰述之路的青年學人，到後來的卷期中已步入撰寫正式研究論文的階段。短短的七年中培養新學人的效能已初見成績，令人欣慰。而該刊每卷編輯約四人，大致都包括不同年齡段的學人，在培養作者的同時也培養了青年研究人員的編輯能力，使編輯群本身出現年輕化的傾向，凸顯了作者和編輯人員兩方面人物上的「新」，與刊物的名稱頗相吻合。

《新史學》的一個特色是嘗試以「專號」的方式刊發同一專題的文稿，有意識地在學術領域方面開新。專號的方式近年西方學刊使用較前為多，一般選題多是比較「趨時」且易為人所注目者。而該刊的專號則出現更頻繁，差不多每卷都有一期是專號。值得一提的是，該刊的專號雖然多，在具體操作上仍比較審慎，有原則而不勉強湊數。據說也有規劃設計好專號，但收到的論文不足以構成一期專號，結果取消專號名目者。如6卷4期的宗教史文章較集中，就是最初擬設一個「宗教史專號」，後來終因分量不足，又取消了專號名目。今日大陸對「學術規範」討論得較為熱烈，該刊這樣的處理方式，體現了編輯人員辦刊認真、能堅持學術的準則，應屬非常講究「規範」的了。

　　除3卷2期的「史學專號」的新舊象徵相對不明顯外，各專號大多屬於新領域的開拓。如2卷4期的「中國婦女史專號」、3卷4期的「生活禮俗史專號」、5卷4期的「宗教與社會專號」、6卷1期的「疾病、醫療與文化專號」、7卷4期的「女/性史專號」，都是近年西方流行的熱門新課題。故該刊不僅新在專號甚多，且多數專號都有明顯的「趨時」意味，可謂得儒家精神的正宗（孟子曾說孔子是「聖之時者」）。各專號中的文章未必每篇都高明，有時更有研究討論和書評兩部分超過論文部分者，這也提示著某些專號的領域在漢語作者圈內尚屬新生事物。當然，細讀各專號中的文章，可以肯定其中多數並非完全照搬近年（或前些年）西方流行的方法，而是較能注意將中國重史實考訂的傳統與西方重框架分析的新潮相結合；但其關懷則基本受西方史學影響，應無疑問。

　　這些開新的專號的確都是我們過去研究的薄弱方面，現在提倡應該說正當其時。不過，該刊主張拓展「不論已識未識」的各種眼界這一宗旨，在專號的設置方面似乎未能充分貫徹。我不知道中國傳統史學和二十年以前的西方史學所關注的問題是否有足以構成某一專號的資格；但我可以肯定，許多以前所關注的面相和問題至今研究得仍很不夠（雖然有時不免給人以功德圓滿的假象）。也許僅僅為了貫徹「開放」的辦刊宗旨，《新史學》的編輯同人是否也可考慮編出哪怕一期不那麼「趨時」的專號呢？

　　有一點是可以肯定的（也是我所希望的）：在對各新興領域的研究達到一定程度後，學者對一些因暫時被「遺忘」而滑向邊緣的既存領域會產生新的認識，從而可能導致一些過去積累豐厚的研究領域的「復興」。學術研究在特定時段裏通常都有所偏重，惟在長時段裏總以相對均衡的多元發展為最理想。同時，一個學科或研究領域的發展受學術積累的影響也許是無形的，但卻是深遠的；在厚積基礎上的出

新，恐怕反更容易做到桐城文派所說的「變而後大」，或者也接近西
人所說的「文藝復興」的本意。不知這是否也算是一種開放而前瞻的
思路，但很希望看到這樣層次上的專號。

《新史學》不僅以專號的形式探索新領域，其大量的文章本身也
更具體地體現了研究課題的新穎。許多文章在方法和詮釋層面也都能
凸顯新意。對多數大陸讀者來說，更引人注意的恐怕還是下面將要論
及的文章內容方面這些能體現其「新」的面相。

二　新領域、新視角與新詮釋

《新史學》的文章究竟「新」在何處？大體言之，直接的新出史
料並不多，但因新領域和新課題而導致的新眼光，卻挖掘出相當數量
過去視而不見的新材料。而對既存史料的新詮釋則尤為明顯。全面的
評述非本文所能為，在所有七卷的論文、研究討論和書評中，有三類
文章似更為醒目，即關於史學新取向與新方法、新社會史（特別是婦
女/性別史和疾病/醫療史）、以及在思想史方面表現得最明顯的新視角
和新詮釋（這尤其對大陸有針對性，因為傳統概念的思想史在西方無
疑已式微，在臺灣也明顯衰落，而在大陸則不過是近十餘年才「興
盛」起來，且是近年史學研究的明顯強項），以下即選擇這三方面做
些具體的探討。

或者是因為前述臺灣史學界對「新史學」這一名號的敏感，該刊
從創辦之初就對史學的新與舊有特殊的關懷，在第1卷中即分別以書
評和研究討論的形式兩次對那時剛出版兩三年的辛楣爾法（Gertude
Himmelfarb）之《新史學與舊史學》[7]做出因應。兩年後杜正勝先生

7　Gertude Himmelfarb, *The New History and the Old*, Harvard University Press, 1987，書
評見1卷1期，評者柳立言，討論見1卷2期，作者周梁楷。

寫出旨在開新的《什麼是新社會史》（3卷4期）一文，仍然一開始就不得不以討論「新」與「舊」並非對立來為「新史學」正名，其部分考慮或即試圖平息「一些人」的不滿之氣。這是一個頗有弔詭意味的現象：儘管近代以來趨新的大趨勢對我們學術發展影響甚巨，一旦真要進行具體的開新時，學術界本身仍呈現出相當大的阻力。

關於史學新取向與新方法的探討，《新史學》大致走了一條從評介西方史學新趨向到自己「立言」之路，但從分量言則顯然仍是以評介為主。該刊差不多每一期都有關於西方史學名著和新著（包括西方的中國研究著作）的書評，其中賴建誠先生對法國年鑑學派大師布羅代爾（Fernand Braudel）的多本著作做了頗具個人特色的系列評介。惟布羅代爾的著作近年已有數種譯本在大陸出版，讀者可以參照而得出自己的觀感。特別值得大陸讀者注意的則是對英國史家柏克（Peter Burke）九十年代初三本論史著作的評介。[8]

劍橋大學的柏克治歐洲史頗有成就，也一向注意史學發展趨向。作為一個自身治史有成的學者，其對史學發展趨向與研究方法的概括性觀察似乎比一般專門的史學評論者或史學史研究者更為深切。其《法國的史學革命》一書是他長期研究年鑑學派的總結，對該學派的淵源流變可以說既有瞭解之同情，又有客觀的審視（他本人治學頗類年鑑學派，但終是一個圈外的英國人）；與同類書相比，其品味和深入程度都更上層樓。

柏克於1980年曾出版一本《社會學與歷史》（*Sociology and History*, London, 1980），到九十年代初又增訂改寫成為《歷史與社會

8　Peter Burke, *The French Historical Revolution*, Stanford University Press, 1990; *New Perspectives on Historical Writing*, Cambridge: Pennsylvania State University Press, 1992; and *History and Social Theory*, Ithaca: Cornell University Press, 1992, 書評見3卷2期和5卷4期，評者依次為王汎森、林富士和蒲慕州。

理論》,從近代到最近西方社會理論的發展演變及其與史學的相互關聯入手,探討理論、模式、方法等對史學研究的影響,並具體論及比較研究、模式的採用、計量方法及微觀研究這四種研究取徑,復以歐洲史研究的實際例證討論在史學研究中運用功能、結構、文化等社會理論的基本概念之得失。

上述二書為柏克獨著,他同時又主編有《歷史寫作的新眼光》一書,是由十位歐美史學界的高手各自就其擅長的領域對「新史學」的含義、新的程度、持久性及其與既存史學的關係等問題進行總結並做出展望,誠為瞭解西方史學最新動態的佳作。書中論及的各史學領域本身就極有新意,有些新領域如閱讀史、意象史、軀體史(histories of reading, image, and body)等,在西方已如日中天,而在中國大陸幾乎未見人觸及,頗足以引起我們的思考。

其中之一的「微觀史」(micro history),目前在西方(特別是美國)影響仍在上升,而大陸學界的注意顯然極為不足。該刊對目前這一領域的代表人物、意大利史家金茲伯格(Carlo Ginzberg, 評者譯京士堡)自論其史學取向和方法的新著也作了評介。[9]評者王汎森先生將金茲伯格的微觀史學方法總結為「濃密閱讀」(thick reading),意謂對有限的文獻做極為集中、精微的閱讀以進入昔人的世界。這一取徑與年鑑學派第三四代學者有一致之處,即更重視「人」本身(特別是過去重視得不夠的下層小人物),有意無意間都有矯正年鑑學派過去重不變的大結構而輕視「人」的傾向。

《新史學》的一個長處是與國際史學研究真正「接軌」,該刊不僅注意評介西方史學,且差不多每一卷都有一篇外國學者撰寫討論歐

---

9 Carlo Ginzberg, *Clues, Myths, and the Historical Method*, Baltimore: The Johns Hopkins University Press, 1989, 書評見6卷3期,評者王汎森。

美及日本史學研究（主要是其中國研究）的文章：第1卷溝口雄三、第2卷孔復禮（Philip A. Kuhn）和羅溥洛（Paul Ropp）、第3卷夏伯嘉（華裔，治歐洲史）、第5卷沙培德（Peter Zarrow）、第6卷包弼德（Peter K. Bol）。這些外國學者論外國研究的文章，比中國學者的評述可能更容易「會意」，自有其長處。其中溝口雄三的《日本人為何研究中國？》是對明治維新以來日本中國研究的整體反思，的確可以稱得上言簡意賅。

3卷4期杜正勝先生的《什麼是新社會史》一文，或者可以代表《新史學》從評介西方史學新趨向到自己「立言」的轉折。杜氏坦承其所言受到年鑑學派的影響，但強調「這是中國的新史學，……是我個人多年來治史的反省與感想。」有意思的是，同在1986年，在臺北的杜先生與在北京的宋德金先生不約而同地產生了「過去的史學研究重骨骼而少血肉」的相似反省，而海峽兩岸似乎也都朝著社會史的方向尋求解決。幾年後，思考日趨成熟的杜先生乃正式提出「新社會史」這一方向，既要「吸取以前歷史研究的成果」，復以人群及其所表現出來的文化為「最主要的研究對象」，從物質、社會和精神三方面「增益人民生活、禮俗、信仰和心態的部分」，以做整體的探討。具體言之就是「利用過去的類書、筆記小說、古禮經說、札記，匯歸於人民禮俗，以建立不同時代人民的生活、禮俗、信仰與心態。」

杜先生對「新社會史」的「範疇與對象」及「整體與繫聯的研究法」等作了詳細的界定和論證，最後提出：「坐而言不如起而行，以新著作說明新作風。」其實該刊先已有這方面論著，此後的幾卷《新史學》，更出現了相當數量的「新著作」。其中尤其以婦女／性別史、宗教史和疾病/醫療史為集中。以婦女/性別史為題的專號就有兩種，宗教史則不僅有一期「宗教與社會專號」，還有6卷4期擬設而流產的「宗教史專號」，而疾病/醫療史雖僅有一期專號，在其它卷期中也有

四篇論文可包括在這一領域中。[10]

　　從婦女/性別史的正式論文看，前六卷中有四篇婦女史論文，均與古代的婚姻相關。[11]雖然各文的立意已與傳統婦女史頗有區別，不僅論列史實，而表現出明顯的社會史方面的關懷，但選題的一致仍提示著新舊之間的脈承。但7卷4期的「女/性史專號」就呈現出選題取向上一種根本的轉折：該期所收四篇論文，竟無一涉及婚姻，而分別為：李建民的《「婦人媚道」考──傳統家庭的衝突與化解方術》、劉增貴的《漢代婦女的名字》、林富士的《六朝時期民間社會所祀「女性人鬼」初探》和游鑑明的《近代中國女子體育觀初探》。這些題目中雖然仍有「考」或「初探」一類過去史學論著常見的用語，但各文所關注的主題則基本煥然一新，與「舊」史學幾乎一刀兩斷，已走在大不相同的路徑之上。

　　婦女/性別史這一滴水珠的今昔差異，實折射出《新史學》創辦七年間臺灣史學變遷之一斑。可以想見，因這一題材和眼光的轉移，大量過去不被注視的史料已經呼之欲出。這些新的研究方向可能還有很長的路要走，然確實體現了該刊「開放、前瞻與嘗試」的宗旨。還有一點值得一說：這些論文的選題可見明顯的西方影響，但與現今一些在女性主義影響下的婦女/性別研究傾向性太強不同（且不說西方，陳東原幾十年前的《中國婦女生活史》就頗有偏見），這幾篇文章大體均能守住「有幾分證據說幾分話」的史學戒律，這在今日也是

---

10 杜正勝：《形體、精氣與魂魄──中國傳統對「人」認識的形成》，2卷3期；吳以義：《溪河溯源：醫學知識在劉完素、朱震亨門人之間的傳遞》，3卷4期；蕭璠：《關於歷史上的一種人體寄生蟲病──曼氏裂頭蚴病》，6卷2期；范燕秋：《醫學與殖民擴張──以日治時期臺灣瘧疾研究為例》，7卷3期。

11 劉增貴：《魏晉南北朝時的妾》，柳立言：《淺談宋代婦女的守節與再嫁》，均2卷4期；王章偉：《宋代士族婚姻研究──以河南呂氏家族為例》，4卷3期；陶晉生：《北宋婦女的再嫁與改嫁》，6卷3期。

不那麼容易的了。

　　當然，我們的女/性史研究與西方相比，還處在起步的階段。該刊的兩期專號都注意介紹了西方在這方面的研究動態與著作。其中祝平一先生介紹的一本性史新著甚有啟發性。[12]作者雷奎爾（Thomas Laqeur）指出：以生理上的性（sexes）來截然劃分男女兩性的性別（genders），並以此為基礎從文化上和社會分工上來認識、解釋及處置男女的異同，在西方也不過是近二百年來才開始，而其完全確立則不過是本世紀初的事，尚不足百年。

　　從希臘時代開始直到19世紀，西方人長期認為男女在生理意義的性方面沒有根本的不同，即雷奎爾所謂的「一性模式」（one-sex model）；文藝復興時期興起的解剖學不僅未修正這一看法，而是強化了既存觀念。直到19世紀，隨著解剖病理學的發展，女性生殖器官才逐漸獲得今日視為常識的獨立認同，而男女天生便是兩性的「兩性模式」（two-sex model）才慢慢得以確立。這裏的一個重要提示在於，科學並不一定（馬上）改變人們對事物的理解。文藝復興時代與19世紀的解剖學者看見的是同樣的（不必是同一的）女性生殖器官，但前者卻以先入之見來解釋其所觀察到的事物，而既存的「不科學的」觀念復因實際的「科學證據」而得到加強。

　　祝先生注意到，明末耶穌會士和晚清許多新教傳教士帶到中國來的「近代」生理學觀念，正包括這「一性模式」。近年許多學者愛討論中國「早期現代化」的「外發」特點，其下意識中顯然是把「西方」作為一個已經「早期現代化」的定量來看待。實則近代西方本身也是一個處在不斷「現代化」的進程中的變數。特別是與中國人接觸的西方人（以傳教士為主商人為輔），大部分是西方人中並不怎麼

12　Thomas Laqeur, *Making Sex*, Harvard University Press, 1990, 書評在7卷4期。

「現代化」的那一部分；他們中有的是在到中國後才開始「現代
化」，有的更是從中國文化裏汲取更「現代化」的成分。[13]這些人帶來
的觀念，有些或反不如中國常規觀念那麼「現代化」。在華的西人普
遍（當然程度很不相同）持有的西方中世紀的「尚武」觀念即是一
例，「一性模式」亦然。這樣看來，我們研究近代外在影響與中國
「現代化」的關係時，恐怕不得不同時注意考察近代西方進行中的現
代化這一變數。

雷奎爾的研究也提示了一些值得具體考察的問題，例如，在華教
會學校（特別是醫學院校）的教學中，是否也存在「一性模式」向
「兩性模式」轉化這樣一個過程呢？如果存在的話，前者是何時及怎
樣為後者所取代呢？如果不存在，為什麼？對這類問題的系列考察恐
怕不僅能增進我們對近代中國的認識，而且可以增進對近代西方的理
解，正是有識者大有可為之處。

同時，對人體器官或對「人」本身的認識過程，又是作為「新社
會史」重要分支的疾病/醫療史的研究對象。1992年，以中研院歷史
語言研究所為核心的一批年輕學者和學生，在臺北組成「疾病、醫療
與文化」研討小組，該組的成果有不少都刊發在《新史學》之上。據
杜正勝先生的總結，這一「作為社會史的醫療史」取向，迄今為止主
要關注的問題大致有五類：對人的肉體的認識及其文化意義；通過醫
家與巫、道、儒的關係考察其族群和學術歸類；與性、性別、孕育及
養生等相關的家族中男女、夫婦和老幼的關係；醫療與中外文化交
流；疾病醫療所反映的大眾心態。[14]

這種新的疾病/醫療史最終以社會和文化為依歸，但強調「有機

---

13 關於傳教士怎樣「現代化」，參見羅志田：《傳教士與近代中西文化競爭》，《歷史研
究》1996年6期

14 參閱杜正勝：《作為社會史的醫療史》，文載6卷1期。

而全面」的研究方法，注意與其它子學科的交叉與互動。如杜先生自己的《形體、精氣與魂魄——中國傳統對「人」認識的形成》（2卷3期）一文，主要利用甲骨卜辭占問疾病所記的病名與先秦經典出現的人體器官，歸納出中國人對人的形體的認識有一由表及裏的規則，並得出五臟系統在戰國中期已完全形成的結論。的確，以「氣」為核心的一些當時描述人的重要概念，其影響遠超出生命科學的範圍，在文學、藝術、哲學中都是今日所謂「關鍵字」，故氣論實是探索中國文化特質的一條基本線索。

可以看出，這樣一篇關於認識論的文章，完全也可列入思想史的範疇。同樣的傾向也表現在宗教史的研究之中：「宗教與社會專號」中大陸學者葛兆光先生的《菏澤宗考》一文，其實是他的《中國禪思想史——從六世紀到九世紀》（北京大學出版社1995年版）一書的一部分，說是思想史全無問題。同樣，7卷3期康樂先生的《沙門不敬王者論——「不為不恭敬人說法戒」及相關諸問題》一文，從源自印度的「僧尼不應禮白衣」的傳統入手，細緻探討「不為不恭敬人說法」這一佛家戒律怎樣在傳入中國後，因「不依國主，則法事難立」而變形，逐漸對王、大臣甚至地主（非近年階級劃分義）做出讓步，揭示了「佛教中國化」過程中國家力量對宗教的滲透，完全可以視其為一篇思想史論文。

像這樣一文可歸入不同的多個子學科者在《新史學》中實不少見，有的文章跨越數種專門史，更有跨出史學範圍者，正體現了史學研究跨越子學科這一新走向。不過，思想史作為一個子學科在今日西方正處沒落，類似這樣的研究，在國外找工作時，說治思想史即少有門路，倘改說治宗教史則機會即會多很多，所以許多人寧願選擇「宗教史」這一認同；但在大陸，由於宗教史仍屬比較「偏」的專門史，很可能找工作時說治思想史還出路更廣。有意思的是，大陸近年的思

想史研究者多出自中文系,臺灣也有類似現象。如在新竹的清華大學,思想史的研究者似乎主要集中在中文系(應該說明,該校歷史研究所也有一個由陳啟雲教授主持的思想文化史研究室)。筆者某次承該校文學院邀請做有關胡適思想的演講,便有同人理直氣壯地問我:「你是做思想史的,怎麼會在歷史系?」這一有點喧賓奪主意味的疑問,最能反映今日學術研究的跨學科趨勢,但也暗示了史學今後可能出現的認同危機。

的確,史學的專科化與跨學科的史學,可以說是20世紀中外史學的兩大特徵,在世紀末時仍在日益增強之中。在此吸收與分化的長程中,史學幾乎無所不在,而似乎也快失掉其本身的學族認同了。二十一世紀的人也許會問:是否存在不涉及他學科也不分為子學科的「總體史學」?如果存在,何在?若不存在,則什麼是史學?是否有可能發展出一種幾乎無所不在而又什麼都不是的治史傾向並形成一種認同模糊而包容廣泛的「一般史學」?這些問題或者只有歷史本身能夠回答,但也值得我們這些身處世紀替換之際的學人思索。

在《新史學》的思想史論文中,跨越子學科只是其新走向的一個重要表徵,其餘的特徵還包括注重中下層人物和非正統非主流群體的思想觀念、從直接思想著述之外的層面考察思想演變、以及通過仔細閱讀原典而得出新的詮釋等。歷史上的人與事本來就有「橫看成嶺側成峰」的特點,視角的轉換在許多方面可使人耳目一新,不僅可以觀察到一些以前所未注意的歷史層面,恐怕更重要的是很可能導致研究者對許多早已重視的層面產生新的理解,從而豐富人們對歷史的「立體」性認知。這些當然都不止涉及思想史,但在該刊的思想史文章中表現得更明顯。

5卷2期黃進興先生的《學術與信仰:論孔廟從祀制與儒家道統意識》是一篇近六萬字的長文,通過解讀孔廟從祀制的形成與演變,考

察分析了一千多年間中國政統與道統（或政治與思想學術兩大勢力）的交接與相互作用。從祀於孔廟是儒生的最高榮譽，是歷代許多大儒及其傳人的終極奮鬥目標之一。儒生一方總希望通過道統意識來左右孔廟的從祀，但從祀與否雖然要經過廷議，最後的裁決權仍在歷代皇帝手裏，且皇室有時也有意識地利用從祀者的進退來引導和約束士人，故最足反映士權與皇權的微妙互動關係。由於孔廟從祀群體實即官方認可的儒學傳承系譜，其發展演化的進程不啻一部官修儒學史。而歷代選擇從祀人物的標準也不時在改變：時而重「傳經之儒」（即對儒學能傳承即是貢獻），時而又重「傳道之儒」（即儒者自己要對「道」有所貢獻，主要指學理上但也曾包括修身上的貢獻）。選擇標準的轉移正反映出不同時代儒家思想的變遷。另外，因某些儒者正統地位的確立而影響到學校教育所用的書籍及科考的內容，孔廟從祀制與科舉制也始終關聯，直接影響到士人的社會變動。

　　這一制度的確如黃先生所說，「包含了豐富多變的學術訊息」。古代學術史、思想史甚而政治史上的一些既存詮釋，可因此而得到印證，而一些因思想觀念的歧異久爭不決的問題，也可藉此得到新的認識。通過考察某一特定制度的長程演化來治思想史及學術史，在大陸似尚不多見，黃先生此文應能給我們以多方面的啟發（按此文是黃氏關於孔廟研究的系列論文之一，其餘各篇同樣分量甚重，均收入其《優入聖域：權力、信仰與正當性》一書中，有興趣的讀者可參看）。

　　6卷4期王汎森先生的《明代後期的造偽與思想爭論──豐坊與〈大學〉石經》一文，僅一萬三千字，注意的是明代後期思想界一個一向被看作「妄人」的小人物豐坊，但卻通過他狂妄變幻的作為及其所偽作的石經《大學》引起的廣泛關注和長期爭議，揭示了當時人在好古的世風影響下以為作偽而能似古亂真也甚高明的心態；反映出在

一個保守的時代,具有創新性的見解乃不得不藉造偽的方式來表述,
且必須做到出新而又不突兀。但這一偽作的石經《大學》之所以能迅
速廣泛流傳並引起一些一流大儒的關注,實因為它觸及並回應了當時
理學界爭論不休而又幾乎沒有歷史材料可作最後論斷的核心問題——
朱學與王學關於《大學》文本之爭。豐氏主要反朱,也兼反王,但許
多王學傳人則明確標榜此石經《大學》,不惜聯結次要敵人來打擊主
要敵人。王先生通過對因此而起的思想爭論和不同學人對此石經《大
學》的發揮之分析,提出晚明的道學中有一股在程朱/陸王陣營之外
(即對雙方都反對)的力量,同時也存在一種反對王學禪學化並試圖
修正王學的思想動向。

依筆者外行的淺見,本文不僅凸顯了一些長期不為人所重視的晚
明心態和思想,且在這兩方面對明清兩代思想學術的銜接都有所啟
示。從根本上言,作偽與辨偽其實都在大致相近的時代環境之中,蒙
文通先生曾指出清代考據學的興起與晚明的復古思想傾向有關[15],王
先生藉此偽作石經《大學》的考察揭示出的時人心態,從另一角度以
實證提示了兩者間的聯繫。同時,對晚明程朱/陸王陣營之外的第三
股力量及修正王學的思想動向的進一步研究,必然會從思想演變的內
在理路增進我們對清代學術與思想的瞭解。一篇小文而能有如許新
見,此文頗足供身處「萬字文」限制之下的大陸學者參考。

在基本仍以精英人物的著述為主要依據的思想史研究中,5卷1期
陳弱水先生的《柳宗元與中唐儒家復興》一文通過仔細閱讀原典而提
出了一些有力的新詮釋。針對過去對中唐儒家的研究偏重韓愈及其學
生李翱的現象,陳氏選取聲望和代表性均足與韓愈比肩、而其著述存

---

15 蒙文通:《中國歷代農產量的擴大和賦稅制度及學術思想的演變》,《四川大學學
報》,1957年2期。

留較多故文獻足徵的柳宗元為主要考察對象,以儒、佛、道三家的關係為突破口,藉對中唐儒學中非韓、李的一些面相的說明,對宋學形成的原始因緣提出新的解釋。他的結論是:完全排斥佛、老的韓、李的觀念在中唐只為少數人所瞭解和接受,反是柳宗元那種強調儒家對現實政治社會的關懷、而將內心世界基本留給佛、道二家的觀念有更廣泛的代表性。故中唐儒家復興雖有一些創造新儒學的嘗試,卻主要是舊儒家的復振。新舊儒學並存的現象曾長期延續,到北宋神宗時新的力量越來越大,再到南宋末則形成一個內外兼理的儒家新體系。

《新史學》所刊文章的新視角當然並不限於思想史,6卷3期劉錚雲先生的《金錢會與白布會——清代地方政治運作的一個側面》一文,就將眼光下移到咸豐年間浙江南部歷時不長的民間小會黨金錢會(及其對立的以「白布會」著稱的團練)之上。金錢會的史料為大陸學者所發掘整理,但大陸學者從20世紀五十年代到八十年代的研究中均注意其「農民起義」及與同時期的太平天國運動的關聯方面。劉先生的視角則全然不同,他考察的是會黨在地方政治上實際和可能扮演的角色,尤其注重會黨與地方士紳、地方士紳與官府以及士紳與士紳之間的互動關係。過去在地方政治運作的研究中所側重的不是官與紳的對立就是兩者的合作,然該文發現,清代尤其是清中葉以後的地方政治運作中,更常見的是官府、紳士與「盜匪」的相互作用;會黨不僅是代表下層人民利益的組織,它有時也反映部分士紳的利益,或至少常被在士紳權力爭奪中處於弱勢的一方所藉重,並以士紳所辦的團練這一形式來包容之。劉氏特別針對西方學者極為關注且向有爭議的地方「紳權」問題,論證了士紳在地方事務上的自主性和活動餘地均甚有限,實際上取決於地方行政官員的態度。故本文既開啟了研究清代地方政治的一個新方向,且對我們一些摭拾西方皮毛而泛論近代中國「民間社會(civil society)」的學人,不啻敲響一記警鐘。

　　邢義田先生的《從戰國至西漢的族居、族葬、世業論中國古代宗族社會的延續》（6卷2期）一文，利用大量考古和文獻資料說明：雖然從春秋中晚期到秦漢王朝的統一，中國無論在社會、經濟、政治、思想等方面都曾發生劇變，但即使在變局之中，也有不少相對不變或變化不顯著的地方：在古代社會最基礎的宗族或家族的居住形式和生活手段上，呈現出十分強烈的延續性，人們長期維持聚族而居、族墓相連、生業相承的生活，雖迭經變亂而變更不大。究竟是變的一面還是不變的一面更能體現中國文化及歷史發展的特色，這是個重大的史學問題。也許因為近代入侵的西人常常譏刺中國歷史幾千年恒久不變，也許因為近代以還中國人都喜變求變，我們的史學研究一向是多見變的一面，而忽視了歷史的延續性。邢先生的研究表明，歷史上不變的一面絕不可小視。特別對大陸學者曾經極為重視久訟不休的歷史分期問題而言，有時多考察不變的各層面，可能會對歷史分期產生相當不同的見解。

　　而5卷4期王健文先生的《歷史解釋的現實意義——以漢代人對秦政權興亡的詮釋與理解為例》則從歷史的過去、現在與未來之間存在什麼樣的聯繫這一角度，考察了在實際政治層面基本繼承秦制的漢代人，卻在歷史詮釋的層面長期以秦經驗為負面象徵來論證漢政權的正當性，直到昭帝時記錄在《鹽鐵論》中的那場政策大辯論，才由「御史大夫」一方對秦政作了相當程度的肯定這一進程。該文的立意與不少觀點均甚佳，可惜論述稍散而行文枝蔓，讀者有時不得不稍做披沙的功夫，以揀出閃光的金子。

　　可以看出，前瞻與開放的確是《新史學》的鮮明特色。對一個七年中發表78篇長論，67篇研究討論及95篇書評的重要史學刊物來說，本文的簡略探討的確只能說是九牛一毛的一孔之見。據說該刊在大陸的贈閱單位約有四十個之多（包括各主要的綜合大學歷史系），我們

的歷史學人不妨到圖書館去看看,也希望多向該刊投送有分量的文稿,在實踐的層面真正增強兩岸學術的對話與交流。如前所述,對大陸讀者來說,與國際史學研究「接軌」可以說是《新史學》的一個長處。上述文章的一個共同之處,即所關懷的問題和切入點與西方史學研究有相通之處,故可與國際(實際基本為西方)學術研究進行某種「對話」。同時,《新史學》的摘要為多家西方權威索引所收,暫不能以西文寫作的大陸作者,或可藉該刊而讓自己的研究成果「走向世界」。而對西方史學現狀有興趣而所處單位的新出西文書刊又收藏不多的大陸讀者,也可通過該刊瞭解一些西方史學的發展。

(原刊《學人》第14輯,1998年12月)

反思與展望

發現在中國的歷史
—— 關於中國近代史研究的一點反思

　　傅斯年在20世紀20年代曾提出了學術的「對手方」問題，以為一件作品所述的故事如果具有「古今一貫」的超時空意味，則後人大致能瞭解；若其所述是「局促於一種人或一時代的題目」，則即使「好古的博物君子」也可能難以索解。他以《論語》和《詩經》的內容為例說：「《論語》對手方是有限的人，他的環境是窄的；《詩經》的對手方是人人，他的環境是個個的。所以《詩經》雖然為是韻文的原故，字句已不如常言，尚可大多數了然。而《論語》的精華或糟粕，已有好些隨魯國當年士大夫階級的社會情狀而消散。」[1]

　　這是一個非常重要的睿見，即學術作品的接受者常可影響作品本身的傳承，甚至也直接或間接參與著專業知識的建構。簡言之，作品的讀者也是學術建制的一部分。然而，學術作品的「對手方」（即接受者）對「知識」建構的參與和作用，以及對學術傳統的形成之影響，我們過去是相對忽視的，卻是非常值得深思的重要問題。[2]

1　參見傅斯年的一份殘稿，大概是為一本普及字母書所寫的序言，原件藏臺北中研院史語所傅斯年檔案，該所整理人士代命名為《作者、環境與其它》，並大致確定文章約撰寫於1923或1924年。
2　參見羅志田：《學術的「對手方」》，《歷史研究》2004年4期。

一 從「對手方」視角看既存近代中國研究

今日中國研究已成名副其實的世界性學術，而近代更是西方研究中國的強項；即使中國學者在中國從事自身的近代史研究，實際也要因應兩個方面──既要適應中國大陸本身的學術語境，也要關注國外的整體史學發展。也許可以說，我們的學術表述實際面對著兩個或更多「問題意識」相當不同的「對手方」。這就要求我們對中西「學情」的差異有充分的認識（近年中國大陸的研究雖越來越多地關注國外的研究，其「對話」的程度似仍不足，至少比臺灣地區就所差尚遠）。

任何具體學術作品產生的時代背景和社會情狀，可以相當寬泛，而且可能是多重的或歧異的。例如，儘管我們今日的學術作品從思考的概念、使用的術語、分析的框架到表述的基本方式（即論文、評述、書評和專著）可能更多是西式的，但西方以及我們自己的學術都處於日益變化之中，當各方的變化未必同步時，同是「西式」的研究之間也可能出現新的差異。

例如，我們的高層次研究性刊物常常刊發「會議綜述」，就是他處少見而我們獨多的一種「特色」。這些綜述固不能說全不高明，但很多都可以說是了無新意，不過是所謂「學術研討會」的一項會後儀式。實際這類綜述往往是初入道者甚至是研究生執筆，發表署名時再冠上一兩位資深學者之名。其中所述，也多是羅列「有學者認為……」、「又有學者認為……」等，很少見綜述者自身的看法。正常情形下，此類文字應見於學術「通訊」一類刊物，不應佔據高層次研究性刊物的版面。而在我們這裏卻反其道而行之，且近年呈明顯增多的傾向（部分因為越來越多的學術研討會是與名刊「合辦」），很值得辦刊者反思。

　　另一項與西方學界不同的中國「特色」，便是高層次研究性刊物上發表的某一學術領域的整體研究綜述，在西方多是本行「權威」或資深專家所為，而在我們這裏卻常常出自初學者之手。初入道的年輕人固然可能更有銳氣也更能突破，然除個別「天才」外，其整體把握特別是分析動態和斟酌發展方向的能力或稍欠火候。「繼往開來」通常是此類綜述題中應有之義，卻很難在我們的多數綜述中看到。這一傾向近已相當嚴重，致使有的學校在學術評估時明確規定綜述文章不算研究性「論文」，結果是真正能「繼往開來」的高品味綜述文章也被劃入另類。

　　這類在近些年中形成的中外差異還有一些，值得進一步總結評估。另一方面，一些外在的研究動向，如多年前針對所謂「西方衝擊、中國反應」的反動，以及近年杜贊奇（Prasenjit Duara）的著作，[3]都較多針對著西方（尤其是美國）的中國/東亞研究的現狀，不一定都特別適合於中國大陸的學術語境。而彭慕蘭（Kenneth Pomeranz）和王國斌（R. Bin Wong）等人的研究，[4]涉及西方對「世界史」的整體認知，從「對手方」視角看，也與中國的學術語境稍異。

　　以「國家民族」（nation）為例，中國的馬克思主義史學似不像二十世紀六七十年代的西方（特別英國）左派史家那樣曾對歷史詮釋中「國家民族」與「階級」之間的緊張進行較深層次的理論探索，也較少在具體層面處理「國家民族」在歷史詮釋中的地位問題。或可以說，受蘇聯模式影響的中國史學界基本未曾經過西方馬克思主義史家

3　Prasenjit Duara, *Rescuing History from the Nation: Questioning Narratives of Modern China*, Chicago: University of Chicago Press, 1995. 此書現有中譯本。

4　Kenneth Pomeranz, *The Great Divergence: China, Europe, and the Making of the Modern World*, Princeton: Princeton University Press, 2000; R. Bin Wong, *China Transformed: Historical Change and the Limits of European Experience*, Ithaca: Cornell University Press, 1997. 兩書現在似都有中譯本。

那樣深入探討馬克思未曾處理或「解決」的問題這一階段，[5]缺乏這一反思經歷的中國學情與西方相當不同。故「國家民族」觀念在西方已漸被視為對歷史研究的束縛，最典型的反映當然是前引杜贊奇的書；但在中國大陸，根本是以這一觀念來處理歷史問題者未必普遍，遑論控制性的束縛。[6]

又如柯文（Paul Cohen）總結出的「在中國發現歷史」取向，[7]近年受到許多國人讚賞或仿傚，然而正如柯文所說，他寫該書時「心目中的讀者主要是西方特別是美國的中國專家」。他們閱讀此書，好像「舊友之間正在進行的『談話』的一部分，由於彼此交談多年，因此對表述討論的語言已十分瞭解」。他也曾擔心「中國同行們由於對美國研究中國史的學者多年以來努力探索的爭論焦點不甚熟悉，對於用來表述這些爭論焦點的一套慣用術語感到陌生，是否就能理解這本書的論證，從而體會書中提出的問題對美國史家所具有的重要含義」；

---

5 一個典型的代表是英國史家湯普森（E.P. Thompson），他對英格蘭工人階級的經典研究現已有中譯本（湯普森：《英國工人階級的形成》，錢乘旦等譯，南京：譯林出版社，2001年）。

6 這個問題牽涉甚廣，可能相當一些人不會同意。現試舉一例：清季士人曾以歷代史書為帝王家譜而反對「斷代」，許之衡約在1905年即說，「今後之作史，必不當斷代而不嫌斷世（如上古、中古、近古之類），藉以考民族變遷之跡焉。史公固知其意，故《史記》不斷代」（許之衡：《讀國粹學報感言》，載《國粹學報》第1年第6期）。這裏可以說有著明確的「國家民族」觀念的影響，且從此角度代司馬遷立言。許多民國史家也曾繼承了「斷世」而不「斷代」之說，但後來確實無意之中「回歸」到新史學之前的「斷代」傾向，故到20世紀50年代仍在提倡「打破王朝體系」，可知此前並未能真正否定。近年上海一出版社更在重印所謂「經典的」斷代史叢書，尤可見非「國家民族」的王朝體系這一傳統之有力。而新近官修「清史」的舉措，更是「王朝體系」影響力持續的明證。關於20世紀中國史學界對通史與斷代史的持續競爭，我會另文詳論。

7 柯文：《在中國發現歷史——中國中心觀在美國的興起》，林同奇譯，北京：中華書局，1989年。

後來因看到「相互隔離的兩個世界已經變得不那麼隔離」而「終於打消疑慮」。[8]

　　以《在中國發現歷史 —— 中國中心觀在美國的興起》一書中譯本出版十五年的後見之明看，我沒有柯文教授那麼樂觀。儘管該書引用率甚高，「在中國發現歷史」一語幾成口頭禪，但就像李大釗曾說的：「一個學者一旦成名，他的著作恒至不為人讀，而其學說卻如通貨一樣，因為不斷的流通傳播，漸漸磨滅，乃至發行人的形象、印章，都難分清。」[9]半個多世紀以來，國人支持或反對傅斯年關於「史學就是史料學」的提法，皆率多視為口號，卻很少認真審視作者之原意；不少今人援引「在中國發現歷史」亦頗類此，故此語流通傳播雖廣，其「形象」倒還真有些模糊。

　　從我看到的國人對該書的接收和反應看，不少中國讀者不僅未曾有意去「體會書中提出的問題對美國史家所具有的重要含義」，有時無意中反倒從中國史家的立場去體會「書中提出的問題」。該書譯者林同奇教授在《譯者代序》中曾特別申論「移情」的作用，[10]我們有些讀者對《在中國發現歷史》一書的解讀，就比較接近「移情」在精神分析學中的本意。

　　一方面，確如柯文所說，「中國史家，不論是馬克思主義者或非馬克思主義者，在重建他們自己過去的歷史時，在很大程度上一直依靠從西方借用來的詞彙、概念和分析框架」。這使西方史家曾試圖「採用局中人創造的有力觀點」而不能得。換言之，中國史家的中國史研究也不夠「中國」，在基本的「詞彙、概念和分析框架」層面，

8　柯文：《中文版前言》，《在中國發現歷史 —— 中國中心觀在美國的興起》，1-2頁。

9　李大釗：《再論問題與主義》（1919年），《李大釗選集》，北京：人民出版社，1959年，230頁。

10　林同奇：《譯者代序》，《在中國發現歷史 —— 中國中心觀在美國的興起》，17-21頁。

與柯文等「我們這些局外人的觀點」並無大異；不過是從各種「局外人觀點」中選擇了某些部分而已。[11]這大致是百年來中國學術思想的常態，甚至可以說，我們日常生活中的交流也已達到離不開「從西方借用來的詞彙、概念和分析框架」的程度了。[12]

不過，任何學科或研究領域的發展受學術積累的影響雖可能無形而實際上卻相當深遠。對史學而言，資料、專門知識、學者習慣、學術傳承、意識形態等多種因素都會影響到學術傳統的形成，特別是一定時期內相對定式化的學術思維方式，對具體研究的制約甚大。而柯文所見「兩個世界」曾經「相互隔離」的時間對任何個體學人而言其實很長，在此隔離期積累而成的學術傳統對學術研究的影響時間會更長，故其改變也需要較長的時間；有形的「隔離」即使全不存在，無形的難以「溝通」還會持續相當的時日。在努力溝通對話的同時，也要清楚地認識到彼此之間從「問題意識」到成果表述等多方面都存在著相當的差異。章太炎在清季時說，「世變亟，一國之學，或不足備教授，又旁採他方」。新異的「他方之學，易國視之，若奇偉然」。對此要避免「豪毛相似，引類附會」，更不能有意「顛倒比輯之」。而之所以出現這些現象的一個原因，就是有些為他方之學的新異奇偉所眩惑者，其本身又「自疏國故」。[13]

許多讚賞或仿傚「在中國發現歷史」的國人似乎並未注意到，這本是不少中國同人、尤其是馬克思主義史家長期貫徹的研究取向。熟悉中國馬克思主義近代史研究的人都知道「兩個過程」和「三大高

---

11 柯文：《序言》，《在中國發現歷史——中國中心觀在美國的興起》，1頁（需要說明，該書從1開始標頁的共有五個部分，分別是：中文版前言、譯者代序、序言、前言和正文，均用同樣的阿拉伯數字）。

12 參見王汎森：《晚清的政治概念與「新史學」》，收入羅志田主編：《20世紀的中國：學術與社會（史學卷）》，21-29頁。

13 章太炎：《程師》（1910年），《章太炎全集》（4），137頁。

潮」的提法，[14]若認真看，毛澤東在論述「兩個過程」中列舉的近代基本事件有：「鴉片戰爭、太平天國運動、中法戰爭、中日戰爭、戊戌變法、義和團運動、辛亥革命……」。[15]將此與以太平天國、戊戌維新和義和團、以及辛亥革命為三大高潮，並以之為主線來認識近代中國（據當年的分期，僅指1840-1919年）的取向作一對比，即可看出「三大高潮」說實際淡化處理了19世紀三個重大涉外事件——鴉片戰爭、中法戰爭和甲午中日戰爭。

　　在沒有可靠依據的情形下，我不能說胡繩等提出「三大高潮」是主觀上有意識地通過對「兩個過程」進行詮釋以凸顯中國本土因素（儘管在基本思路上這非常符合毛澤東的一貫傾向），但從客觀效果看，把上述涉外事件的重要性置於相對次要的地位，的確體現出以中國本土事件為核心的傾向。當然，這只是就傾向性而言，實則近代中國任何大的政治事件幾乎都不能脫除外國印跡，而中國的馬克思主義史學也從來強調帝國主義侵略的影響，唯這一視角的體現似在定性方面要多於個案研究。[16]

---

14 相關的背景知識和近年一些的新探索可參見張海鵬：《追求集：近代中國歷史進程的探索》，北京：社會科學文獻出版社，1998年，3-108頁。

15 全文是：「帝國主義和中國封建主義相結合，把中國變為半殖民地和殖民地的過程，也就是中國人民反抗帝國主義及其走狗的過程。從鴉片戰爭、太平天國運動、中法戰爭、中日戰爭、戊戌變法、義和團運動、辛亥革命、五四運動、五卅運動、北伐戰爭、土地革命戰爭，直至現在的抗日戰爭，都表現了中國人民不甘屈服於帝國主義及其走狗的頑強的反抗精神。」毛澤東：《中國革命和中國共產黨》，《毛澤東選集》（一卷本），北京：人民出版社，1968年，595頁。

16 馬克思主義史家劉大年在晚年指導學生時，就明確提出以研究「如何」或「怎樣」來解決一些「是否」的爭論，因為，「『如何』『怎樣』的問題解決了，『是否』問題也就真正解決了」（劉大年致姜濤信，轉引自姜濤：《大年師談博士論文的寫作》，《近代史研究》2000年6期，37頁）。但現在不少老中青史學從業者，包括那些學術取向與劉先生接近或不怎麼接近的學者，似乎仍更注重「是否」的爭論，而相對忽略「如何」或「怎樣」的問題。

可以看出，「三大高潮」與「兩個過程」之間似乎存在著某種程度的緊張關係，至少體現出傾向的不同：就中國馬克思主義史學對近代中國社會「半殖民地半封建」的基本定性來說，「三大高潮」顯然更多呼應了「半封建」的一面，而較少涉及「半殖民地」因素（僅相對而言）。

不排除「三大高潮」的研究傾向無意中受到中共革命實踐的潛在影響，因為中共長期實施了一種「以農村保衛城市」的戰略，而在絕大部分中共實際控制的鄉村區域裏，帝國主義侵略（包括經濟侵略）還是相對間接的，那裏的「半封建」因素的確要強過「半殖民地」因素很多。因此，就詮釋中共革命的勝利（這是中外研究近代中國史者所共同側重的一個面相）而言，「半封建」因素可能真有更直接的相關性。

若就更廣義的中國近代史言，則「半殖民地」和「半封建」兩因素顯然同樣重要。這裏隱伏著一個重要的背景因素，即「幅員遼闊」在中國有著非常實際的意義，而西潮衝擊更擴大了原本存在的區域差別。頗具弔詭意味的是，在受到「三大高潮」說影響的具體研究中，鄉村又始終是一個相對薄弱的環節，城市和沿海區域實際受到更多的關注。其結果，在很大程度上形成一個在「半封建」領域裏探索「半殖民地」因素的奇特傾向。

無論如何，「三大高潮」說在相當長的時間裏影響了中國大陸的近代史研究，其一個後果可能導致不屬於「三大高潮」的近代史事有意無意間被研究者所忽視，[17]連帝國主義對中國的侵略也研究得不夠

---

17 這在全國性學會的組成上體現得最明顯，1919年後的歷史有中國現代史學會，此前的80年過去定為「近代史」，卻迄今沒有一個「中國近代史學會」，而只有分立的太平天國、義和團和辛亥革命三個學會。現代學術機構對研究的推動有目共睹（特別是大型學術研討會的組織和召開），一個不能不承認的結果是，不屬於「三大高潮」的近代史事的研究無形中被淡化了，因而也影響到整體的「中國近代史」研究。

充分，遑論更廣義的所謂「西方衝擊」了；但其另一後果，卻是很早就確立了中國近代史研究的本土傾向（儘管可能不是有意的）。

是否可以說，「三大高潮」研究取向實際挑戰了以中外關係為中心的既存中國近代史研究模式（中國的和外國的）。今日不少中國學者忘卻自身的傳統，專從外國學者那裏重新輸入一定程度上在中國既存的取向，提示著中國自身學統的中斷，而且很可能是一種「自覺」的中斷，即一些學者對以前的、特別是所謂「十七年」的研究基本採取不看或視而不見的態度。[18]我想，要總結過去幾十年中國大陸的近代史研究，這一或許是無意之中形成的傾向，特別是其怎樣形成的發展過程，還值得進一步深入認識和分析。

二 發現在中國的歷史

近年彭慕蘭和王國斌等的研究有一個共性，即中西之間的「富強」程度在18世紀尚較接近，而雙方國力的差距是在19世紀拉開的。梁漱溟很早就說，近代中國革命非自發，而是受外力影響的；前些年我們研究現代化的學者也常愛說近代中國的現代化是在外國影響下的「後發型」。所有這些人的觀察取向和立意可以很不同，但皆指向一點，即中國和外部的關係及其內部的體制在19世紀出現了帶根本性的急劇變化，這多少都直接或間接支持著近代「西方衝擊、中國反應」現象的存在。[19]

這樣，「衝擊——反應」研究取向對近代中國的詮釋效力未必已經過時，不過應比以前更加側重「衝擊」和「反應」具體發生的場域

---

18 在一定程度上，不論是否「優良」的學術傳統一旦中斷，學術積累便雖有而亦似無，其實也就失去了「創新」的基礎。

19 這個問題牽涉甚廣，詳另文。

及其內在歷史脈絡。此前的「衝擊──反應」更帶「世界」取向,更多思考和處理世界範圍內「西方」的衝擊和「中國」的反應,雙方的碰撞多少有些虛懸抽象的意味,故中國的「反應」常體現在所謂「開眼看世界」及如何引進外來觀念體制等方面的簡單陳述分析。這樣的處理自有其長處,但應同時提倡一種「在中國」的取向,更具體地探討「在華西方」或「在華外國」(the Western or foreign presence in China)的言與行,對這些在地的「衝擊」有更深入的認識後,必能更易領會中國朝野的各種「反應」。

具體到侵略與反侵略的層面,如前所述,中國大陸的既存研究取向實際形成了關注「半封建」勝於「半殖民地」的客觀後果;既然如此,今後我們的中國近代史恐怕還要增強對帝國主義侵略的研究。被侵略的中國當地條件在很大程度上制約甚或決定著侵略的方式和特性,故應更加側重侵略行為實施的場域以及侵略在當地的實施,特別是侵略與被侵略雙方在中國當地的文化、政治、經濟衝突和互動過程。[20]

其實「衝擊─反應」研究取向與「中國中心觀」未必勢不兩立。費正清在20世紀60年代曾指出,對於近代中外不平等條約,清廷甚少主動提出修訂,這主要反映出中外條約並未從根本上打破中國的政教體制,所以清廷既不看重條約,也不認為有必要修約。他那時就提出應從提問層面移位到清人方面去思考的主張。[21]此文可說是所謂「中國中心觀」的早期嘗試,說明只要更加凸顯中國「反應」的一面,

---

20 參見羅志田:《帝國主義在中國:文化視野下條約體系的演進》,《中國社會科學》2004年5期。

21 John K. Fairbank, "The Early Treaty System in the Chinese World Order," in idem ed., *The Chinese World Order: Traditional China's Foreign Relations*, Cambridge, Mass.: Harvard University Press, 1968, pp. 257-75.

「衝擊——反應」模式也能走向「在中國發現歷史」。反之，如果不移位到具體時段裏「在中國之人」的所思所慮，並將其落實到提問層面，則不論發現者是中國人還是外國人，那被「發現」的內容仍是受外在預設影響或制約的「歷史」，且非常可能就是帶有異國眼光的「中國史」。

美國漢學家恒慕義（Arthur W. Hummel）在七十多年前就注意到近代中國人因「中西痛苦的接觸所產生的忽視中國」自身這樣一種「精神錯亂」現象，[22] 前引柯文所表述的西方史家曾試圖從中國學者著述中尋覓「局中人創造的有力觀點」而不能得的現象表明，中國學者自己「忽視中國」的傾向仍長期持續，故美國學者感到他們有責任來提倡「在中國發現歷史」。但這一研究取向產生於外國這一事實意味著被「發現」的「中國史」很可能帶有異國眼光，畢竟美國的中國史研究者受西方整體史學的影響甚大，其具有的「問題意識」非常可能是西方的（western-oriented）。當中國學者轉而「引進」並仿傚這一取向時，進一步的可能是中國人「發現」的「中國史」也帶有異國風味。

我這裏絕非提倡什麼「中國人自身的中國史研究」或「有中國特色的中國史研究」。實際上，今日「在中國發現歷史」口號的流行已經產生某種不可忽視的影響，即較為封閉地考察近代中國（雖然未必是有意如此，更多可能是無意所為）。近代中國不僅任何大的政治事件幾乎都不能脫除外國印跡，多數文化、思想、學術、生活、經濟等方面的變化也都處處可見外來的影響。一句話，如果外來「衝擊」退隱或淡出，我們只能看到一個虛幻而失真的「近代中國」。本文所提

---

22 如崔述的被「埋沒」，就是一個「最佳例證」。參見Arthur W. Hummel, "What Chinese Historians Are Doing in Their Own History," 原刊 *The American Historical Review*, 收入《古史辨》（二），442頁。

倡的「在中國」取向,是一種充分考慮近代「在中國」的各類外來因素(及其影響和作用)的開放取向,並時刻警惕不要陷入哪怕是無意識的封閉傾向。

研究近代中國至少必須參考三個方面的歷史,即19世紀以來的西方、日本和各殖民地。三者在這一時期都是變數而非定量,即其本身都處於發展變化的進程中。前兩者直接間接影響了中國,尤其是中國的上層政治和讀書人,以及口岸地區的社會和生活;後者中的大多數與中國沒有太直接的關聯,但西方對殖民地的研究有意無意中影響著我們的近代史研究,很多人實受其影響而不自覺。

只有對19世紀以來的西方和日本——特別是其發展變化的一面——具有較深入實在的瞭解,才能真正認識近代中國很多前所未有的變化。但過去的研究很少真正做到這一點,尤其在日本和中國關聯方面做的最不夠(常見的不過是對比雙方改革之成敗);只是在所謂思想史的研究方面,中西和中日的關聯受到了充分的關注,或許又走得太過:我們的思想史研究最常見用西方觀念來套中國的實際,下焉者不過以中國為戰場實施西與西鬥,即以西方的主義或理論為武器而相互作戰;上焉者也多學步邯鄲,追隨西方新潮的「問題意識」,而不問這些從非中國歷史環境中產生出來,有著特定的基本預設、方法論與認識取向的「問題」和思路是否與中國自身在不同的歷史條件下所存在的「問題」相一致。

就殖民地而言,中國雖與各殖民地一樣受到帝國主義的全面侵略,卻有一個與殖民地大不同的重要特點,即領土主權基本保持;這一重要特點使帝國主義的策略和中國對侵略者的態度都與喪失主權的殖民地大不相同,故近代中國與各殖民地被侵略和反侵略的歷史往往沒有很直接的可比性,即對殖民地的研究取向很多都不直接適用於中國,但又有極大的參照性——必充分瞭解各殖民地的發展演變,才能

真正看到中國近代史的一些重要「特色」。

如前文所說，今日中國研究已成名副其實的世界性學術，幾乎研究任何問題都必須參考非漢語世界的中國研究成果，包括其研究的結論和探索的取向。重要的是在具體研究中更進一步地與外國同行真正進行「對話」，而不是將國外研究作為「通貨」一樣進行「流通」。

張光直先生前些年提出，既存「社會科學上所謂原理原則，都是從西方文明史的發展規律裏面歸納出來的」，如果不「在廣大的非西方世界的歷史中考驗」，特別是經過「擁有極其豐富史料的中國史」的考驗，就不能說具有「世界的通用性」。他由此看到了「西方社會科學的局限性和中國歷史（以及其它非西方史）在社會科學上的偉大前途」。[23]黃宗智先生最近也有系列文章討論他所說的「悖論社會」（paradoxicalsociety）概念以及將20世紀中國革命實踐中所形成的獨特認識方法提高到理論概念層面，以認識和解釋與歐美不同的近代中國社會。[24]

的確，在關於近代中國的研究中，歷史發生現場的在地特殊性及發生在那裏的具體實踐是必須充分考慮的。但近代中國社會是否「悖論」到黃先生所說的程度，也還可斟酌。尤其是在意識層面，以西方觀念為世界、人類之準則並努力同化於這些準則之下，是相當多20世紀中國學人普遍持有的觀念，並有著持續的努力；類似傾向和努力也直接表現在學術領域。今日學人可以有更開放平和的心態，作為在地的學者，對外國的研究不必追風，不必全盤套用其理論，更不宜「顛

---

23 參見張光直：《連續與破裂：一個文明起源新說的草稿》，收入其《中國青銅時代》，第二集，131-143頁；另見徐蘋方、張光直：《中國文明的形成及其在世界文明史上的地位》，《燕京學報》新6期（1999年5月），8-16頁。

24 參見黃宗智：《走向從實踐出發的社會科學》，《中國社會科學》2005年1期；《悖論社會與現代傳統》，《讀書》2005年2期。

倒比輯」其見解，但無論如何不能忽視他人研究的建樹一面和具有啟發性的地方，且最好在論著中有所因應，而不是視而不見，自說自話。

就像不同類別的史料皆如落花之各有其意，[25]外在的或他人的研究，亦皆各有其「意」在，順其意或逆其意而讀之，皆當有所得，不過要充分意識到這是產生於特定語境的「他方之學」。實際上，異文化的視角可以提供一些生於斯長於斯的本文化之人忽略或思考不及之處，恰可能是在地的「本土」研究者所缺乏的。李濟很早就從學理上論證了異國與本土眼光的互補性，他多年來一直提倡一種對某一「文化」的雙語互證研究模式，惜未受到應有的關注。[26]

早在1922年，李濟就提倡一種「在心理學基礎上研究語言學」以認識「文化」的人類學研究取向。在他看來，這類研究的困難在於本文化的研究者有時難以用心理習慣形成於其間的那種語言來描述某些文化現象，若研究者掌握與母語判然不同的第二種語言（具體指的是象形文字和拼音文字這樣具有根本差異者），如用拼音文字描述象形文字對思維方式的影響，然後對結果進行反向鑑別，則可能認識到特定文化那「心智的起源」，即思想的原初形式；反之亦然。這一「象形文字與拼音文字互證的方法」，或許是「以最客觀的方式研究最主觀的自我的方法」。[27]

40年後，李濟再次對西方學者說，他當年論文的主旨是：「要想

---

25 說詳羅志田：《見之於行事：中國近代史研究的可能走向》，《歷史研究》2002年1期。

26 李濟在中國現代考古學史上的作用和地位迄今為止仍研究不足，在中國大陸尤其如此，可參見查曉英：「從地質學到史學的現代中國考古學」，四川大學歷史系碩士論文，2003年。而李濟早期在人類學基本理論方面的探索，更特別需要進一步深入認識。

27 Chi Li, "Some Anthropological Problems of China," *The Chinese Students' Monthly*, 17:4(Feb. 1922), pp. 325-329. 此文承徐亮工先生代向李光謨先生請益，蒙李先生賜贈，特此一併致謝！

瞭解中國文明的本質，首先需要對中國文字有透徹的瞭解。」針對有些西方漢學家以為「無需對中國文字有足夠的知識就可以研究中國的文明」這一觀點，李濟提出，像「中國的思想和制度」這樣的研究計劃應當在一個嚴格人類學的基礎上進行：參與者「應達到的一個基本要求，是必須學會用中國話和中國文字去思考；其次，他必須能用中國語言文字客觀地內省自己的思維過程，並用他同樣熟悉的另一種語言文字把這一過程記錄下來」。[28]

我想，李先生對西方中國研究者的要求同樣適合於他遠更關注的中國自身的中國研究者。由於「在語言符號與思想的發生、成長、形成和變動二者之間，存在著十分錯綜複雜的關係」，[29]母語研究者應該說有著某些先天的優勢。但李濟也充分認識到文化認同這樣的「自我意識」對於人文學研究可能是負面的影響，他在1922年的文章中已明確提出科學研究的普世性問題，即中國學者在剝奪科學之「歐洲籍」的同時，自身也應體認到「超越自己國籍界限的緊迫性」，主動「擺脫國籍的限制」。[30]從這一視角廣義地看李先生提出的雙語互證研究模式，異國眼光與本土眼光的互補性就更明顯了。

進而言之，顏師古早就提出「古今異言，方俗殊語」的見解。[31]從20世紀20年代中央政府在學校教育中正式確立「國語」（即白話文）的地位後，文言在中國已是幾乎不再使用的歷史文字，即是名副

---

28 李濟：《再論中國的若干人類學問題》（1962），收入其《安陽》，石家莊：河北教育出版社，2000年，286、296、298-299頁。

29 李濟：《中國的若干人類學問題》（1922），收入其《安陽》，284頁。按此文是前引李濟文修訂本的中譯，兩者頗有不相同處，關於「雙語互證」的問題修訂本僅點到為止，語焉不詳。

30 Chi Li, "Some Anthropological Problems of China," *The Chinese Students' Monthly*, 17:4(Feb. 1922), p. 326.

31 顏師古：《漢書敘例》，顏注《漢書》，北京：中華書局標點本，1962年，第2冊，2頁。

其實的「古文」。今人讀古書與學外文實有相類處，讀錯的可能性幾
乎是人人均等。在這一點上，中外學人大致處在同一起跑線上，讀
「懂」的程度主要靠後天的訓練。套用韓愈的一句話：中國人不必不
如外國人，反之亦然。[32]

對史學而言，所謂「地方性知識」[33]或應包括時空兩個層面。空
間層面似不必論，而時間層面的「地方性知識」主要是說：即使在相
對穩定的地域（空間）裏，對同一文化系統內的今人來說，古人實際
已是「非我」或「他人」（the other）。《莊子》中的師金論世變說：
「古今非水陸與？周魯非舟車與？今蘄行周於魯，是猶推舟於陸也，
勞而無功。」（《莊子・天運》）其所說的雖是禮儀法度當應時而變，
也暗示了古今之間的「斷裂」猶如周魯之為「異國」（當然，先秦
「國」的概念未必等同於今日流行的「國家」）。[34]若本陳寅恪所倡議
的「以觀空者而觀時」的取向，時間層面的「外國」或「他人」亦自
有其「地方性知識」。[35]

馬克思曾說，19世紀中葉的法國小農「不能以自己的名義來保護
自己的階級利益，無論是通過議會或通過國民公會。他們不能代表自
己，一定要別人來代表他們」。[36]或者可以套用馬克思的話說，已逝的

---

32 參見羅志田：《二十世紀的中國思想與學術掠影》，廣州：廣東教育出版社，2001年，
　　240-241、347頁。

33 參見Clifford Geertz, *Local Knowledge: Further Essays in Interpretive Anthropology*,
　　New York: Basic Books, 1983.

34 參閱David Lowenthal, *The Past is a Foreign Country*, Cambridge: Cambridge University
　　Press, 1985.

35 參見陳寅恪：《俞曲園先生病中囈語跋》，《寒柳堂集》，北京：三聯書店，2001年，
　　164頁。並參考William H. Sewell, Jr., "Geertz, Cultural Systems, and History: From
　　Synchrony to Transformation," in Sherry B. Ortner, ed., *The Fate of Culture: Geertz and
　　Beyond*, Berkeley: University of California Press, 1999, pp. 37-38.

36 馬克思：《路易・波拿巴的霧月十八日》，《馬克思恩格斯選集》，北京：人民出版
　　社，1972年，第1卷，693頁。

往昔其實是無語的，它不能在後人的時代中表述自己，它只能被後人表述。

既然西潮早已成為今人面對的近代中國「傳統」之一部分，[37]既然我們過去的研究也未曾離開「從西方借用來的詞彙、概念和分析框架」，或不如提倡去揭示「在中國發生的歷史」，即將「在中國發現歷史」落實到「發現在中國的歷史」。[38]如柯文所說，史家「提出的是什麼問題」和「進行研究的前提假設是什麼」往往決定著在數量無窮而沉默不語的往昔事實中「選擇什麼事實，賦與這些事實以什麼意義」。[39]若能在意識層面盡可能依據特定時段裏「在中國之人」（包括在華外國人）的所思所慮所為進行提問，[40]並探索怎樣解答，或者真能產生包括時空兩層面的「地方性知識」。

（原刊《北京大學學報》2004年5期）

---

37 參見羅志田：《西潮與近代中國思想演變再思》，《近代史研究》1995年3期。

38 按柯文原書名為「Discovering History in China」，本也可譯為「發現在中國的歷史」。

39 柯文：《前言》，《在中國發現歷史——中國中心觀在美國的興起》，1頁。

40 例如，當我們說學術或史學怎樣分類甚至是否應當分類時，我們討論的是「我們的」問題；當我們試圖考察特定歷史階段或長程歷史時段中學術實際是否分類或怎樣分類時，我們探討的是「他們的」問題。這樣的人我之分若不在研究者的意識層面充分明確，便很可能會以「我們的問題」替代「他們的問題」，實際上是壓抑了無語的往昔。參見羅志田：《西學衝擊下近代中國學術分科的演變》，《社會科學研究》2003年1期。

解讀變動時代的文化履跡
──關於近代中國文化史研究的簡單反思

中國近代以「變」著稱，可以說是一個變動的時代。

變動時代最明顯的特徵，就是產生出「動」就是好的觀念。梁啟超在20世紀20年代總結中國過去五十年的「進化」概況，頗抱愧於沒有什麼學問可以拿出來見人，而他印象最深的是中國「讀書人的腦筋，卻變遷得真厲害」；以至於「這四十幾年間思想的劇變，確為從前四千餘年所未嘗夢見」。梁氏把四千年的思想界比作「一個死水的池塘，雖然許多浮萍荇藻掩映在面上，卻是整年價動也不動」；如今終於有了動的氣象，雖其「流動的方向和結果，現在還沒有十分看得出來，單論他由靜而動的那點機勢，誰也不能不說他是進化」。[1]

「進化」在當年是個非常正面的詞彙，只要「由靜而動」，不論往什麼方向發展都是「進化」，這一價值判斷充分體現出對變動的期盼，而立說者本身因焦慮心態而生的緊迫感也昭然若揭。[2]梁啟超的言外之意很明確，他顯然對已經發生的全方位巨變仍不滿意。這就提示出變動時代的另一個明顯特徵，即儘管在不太長的時間裏發生了一

---

[1] 梁啟超：《五十年中國進化概論》（1923年2月），《飲冰室合集·文集之三十九》，43頁。

[2] 這樣一種不管怎樣先動起來的急迫心態當年是較為普遍的。可資對比的是，一般以為較溫和的胡適，在北伐時曾有「我們要幹政治」的想法，也是主張幹「什麼制度都可以」。當時《晨報副刊》上就有文章指出，胡適「明顯地流露出不據學理不擇方法去幹」的傾向。參見羅志田《再造文明的嘗試：胡適傳》，260-267頁。

系列急劇而重大的變動，但很多人，尤其是相當一部分讀書人，仍覺得變動不夠快也不夠大。

瞭解上述兩個特徵，非常有助於認識變動時代的「變」和「動」。而近代最為顯著的轉變，自然是共和政體取代帝制這一幾千年才出現的巨變。當近代讀書人紛紛表述對於「數千年未有之大變」的擔憂時，他們不過是預感到大變之將至，尚未真正認識到的後續變局的根本性；但其開始以「千年」甚或更長的時段來思考時局的變動，卻不能不說有著相當敏銳的感覺。梁啟超在1901年便指出，那是一個充滿變數的「過渡時代」（相對於中國數千年來所謂「停頓時代」）。按其預測，將要發生的「過渡」包括政治上的「新政體」、學問上的「新學界」和社會理想風俗上的「新道德」。[3]

這已是全盤的轉化，但梁氏那時所說的「新政體」指的僅是君主立憲，他並不想要鼓動更換政權的「革命」。後來的發展雖超出其預測，仍多少有些被梁啟超不幸而言中的意味：以共和政體取代帝制為象徵的巨變，的確是全方位的，包括了政治、社會、思想、學術等方方面面。這是一個幾千年才出現的大變動，它本身又是一個發展的進程，發生在辛亥年的政權鼎革不過是一個象徵性的轉捩點，其相關的轉變此前已發生（所以一些讀書人才能有所預感），此後仍在延續。

梁漱溟對此頗有體會，他曾說：「若就革命是『以一新構造代舊構造，以一新秩序代舊秩序』來說，辛亥一役應承認其為革命。它並且是中國封建解體後唯一之革命。自它以前，社會構造未曾變過；自它以後，社會構造乃非變不可。……今天我們尚在此一變革中，而正期待一新構造新秩序之出現。」[4]構造和秩序的根本轉變，是近代中

3　梁啟超：《過渡時代論》（1901年），《飲冰室合集·文集之六》，27-30頁。
4　梁漱溟：《中國文化要義》（1949年），《梁漱溟全集》（3），濟南：山東人民出版社，1990年，224頁。

國最顯著的變動，正反映在以共和政體取代帝制的全方位大變之中。

　　與梁漱溟相類，報人張季鸞更早就注意到這一巨變那延續和發展的特性。他在1931年回顧20世紀前三十年的歷史說，「中國政治、經濟、社會各方面，實已經重大之變遷。蓋由帝制以至共和，由黨政以至黨治，由籌備立憲以至國民革命。就中國論，為開創五千年未有之新局」。儘管如此，他仍以為，「民國以來，其實質未變」。蓋辛亥革命和國民革命，「雖近代史上之兩個時期，而實一大問題之繼續演進」，而且是一個「迄今未臻完全解決」的問題。所以他的整體結論是：「舊秩序已崩潰，新改革未成功。」[5]

　　若以千年以上的長時段眼光看，辛亥和北伐兩次革命，的確是「一大問題之繼續演進」；但具體而論，它們又確實代表著「近代史上之兩個時期」。民國雖以共和取代帝制，但北洋政府在具體治理方式上，對清朝君主制似乎繼承多而革新少，頗有些「漢承秦制」的意味。高一涵在民初就說，民國不過「單換一塊共和國招牌，而店中所賣的，還是那些皇帝『御用』的舊貨」。[6]到北伐後國民黨當政，開以黨治國之先河，出現了很多前所未有的改變。[7]在近代這一大的分期之中，又是一個新的時期了。

　　張季鸞顯然期盼著「革命」會帶來很多正面的轉變，但他所看到的民國則是「愈變而劣」：表現在「民生愈困苦，吏治愈貪污；教育實業，俱少進境」。而「所增加者，徒為若干軍閥與無數遊民盜匪」。

5　張季鸞：《大公報一萬號紀念辭》，《大公報》（天津）1931年5月22日，1版。

6　高一涵：《非「君師主義」》，《新青年》5卷6號（1918年12月），551-552頁。

7　舉個簡單的例子，孔祥熙在北伐取勝時說，「從前廣東每年省庫收入，僅三千萬元，而人民已不勝其苦；及歸國府統轄，每年收入一萬萬元，而人民負擔並不覺其重」（《建設的革命·孔祥熙廿四日在青年會講演》，《世界日報》，1928年6月28日，6版）。宋子文在廣州政府時期推行西式的稅收改革，所徵收數倍於前，而常受中外史家稱讚，他們大概都和孔祥熙一樣地解讀廣東人民的感受。

這些負面印象可能帶有一些想像成分，而他對時局強烈的不滿背後，隱伏的仍是近代讀書人那種持續的焦慮心態和危機感。此時離北伐不過數年，則張氏對新當政的國民政府並不怎麼肯定。在他眼裏，1926年以來數年的歷史更以變化劇烈為特徵：「從張、褚督直，至北伐成功；從晉閻衛戍，至中央討伐；從國共混淆，至清黨剿匪；從張雨亭開府北京，至東三省擁護統一；其變化之劇烈，動如南北之極端。」[8]

短短五年間，那種直接向對立面轉化的政治變動幾經好幾次了。梁啟超曾描述歷史的「革命性」說：「革命前、革命中、革命後之史蹟，皆最難律以常軌。結果與預定的計劃相反者，往往而有。」[9]若據其所論，張季鸞所見北伐後五年的情形，便帶有類似的「革命性」。而此並非特例，徐世昌在1918年也曾說，「民國成立以來，革命之役已四五見」。[10]能稱得上「革命」的，自非一般的小動亂，竟然在五六年間「已四五見」，幾乎是年年都有，相當能體現當時政治變動的頻繁。可知近代以共和取代帝制為象徵的巨變，本是由許多也不算小的系列變動所構成。

與近代政治、經濟真可說是數千年未有的劇變[11]相比，文化層面的變動相對來說更帶隱而不顯的特徵。儘管人們口中常說「中國文化」，實則「文化」一詞的含義，百多年來始終沒有充分的共識。今日通用的「文化」一詞，大致是個外來詞；而它在其原初產地的界定，也一直是眾說紛紜。唯值得注意的是，一方面書齋學者不斷在那裏推敲、分疏其定義，另一方面這又是中外皆普遍使用的一個詞彙；

8　張季鸞：《大公報一萬號紀念辭》，《大公報》（天津）1931年5月22日，1版。

9　梁啟超：《中國歷史研究法》，《飲冰室合集・專集之七十三》，117頁。

10　徐世昌之演說見《昨日懷仁堂盛會》，《晨報》，1918年12月1日，6版。

11　不僅政治上西式的共和製取代帝制，經濟方面出現的「社會主義市場經濟」，也是數千年未有的大變。

且多數人在使用時並不覺得有加以界定的必要，似乎對他們而言，「文化」自有其約定俗成的指謂。

這樣看來，對「文化」的理解和使用，在學者與大眾之間存在著明顯的緊張（tension）。這一雅俗衝突的現象，並非幾句話可以簡單說清楚；大體而言，「文化」的意謂，很多時候視其表述者和語境為轉移。我們只要知道是什麼樣的人在表述，並將其置入其出現的上下文之中，多少都能領會到表述者之所欲言。

中國古代對「文化」的早期認識，是以人為中心的，又頗注意所謂「天人感應」的一面，強調其時空的意義。《易經》所謂剛柔相錯，「天文也；文明以止，人文也。觀乎天文，以察時變；觀乎人文，以化成天下」（《易‧賁》）一語，就被很多後人視為「文化」的出處，近代讀書人常據此以發展出可以和「文化」那個外來詞相通的解釋。

梁啟超借用佛家術語給「文化」下的定義是：「文化者，人類心能所開積出來之有價值的共業也。」其中又包括「業力不滅」和「業力周遍」兩種公例，前者即人的一切身心活動雖隨起隨滅，但「每活動一次，他的魂影便永遠留在宇宙間，不能磨滅」；後者則說個人的活動勢必影響到別人，有的「像細霧一般，霏灑在他所屬的社會乃至全宇宙，也是永不磨滅」。[12]關於共業之有無「價值」，他也有自設的定義，這且不論。但業力的「不滅」和「周遍」兩種公例，便很能凸顯前述時空的涵義。

史家錢穆后來也說：「人類各方面各種樣的生活總括匯合起來，就叫它做文化。但此所謂各方面各種樣的生活，並不專指一時性的平鋪面而言，必將長時間的綿延性加進去。」換言之，「凡文化，必有

---

12 梁啟超：《什麼是文化》（1922年），《飲冰室合集‧文集之三十九》，98頁。

它的傳統的歷史意義」。故文化「並不是平面的，而是立體的」。他進而說，「一人的生活，加進長時間的綿延，那就是生命；一國家一民族各方面各種樣的生活，加進綿延不斷的時間演進、歷史演進，便成所謂文化」。則「文化也就是此國家民族的生命。如果一個國家民族沒有了文化，那就等於沒有了生命」。也因此，講文化「總應該根據歷史來講」。[13]

這樣，「文化」實際成為「文化史」，倒與胡適稍早對「國故」的概念接近。胡適曾說：「國學的使命是要使大家懂得中國的過去的文化史，國學的方法是要用歷史的眼光來整理一切過去文化的歷史，國學的目的是要做成中國文化史。國學的系統的研究，要以此為歸宿。」在他看來，「理想中的國學研究」，至少是一個「中國文化史」的系統，包括民族史、語言文字史、經濟史、政治史、國際交通史、思想學術史、宗教史、文藝史、風俗史和制度史等十種專門史。[14]

類似的觀念那時為很多人所分享，胡適的學生顧頡剛在1924年也說：「整理國故，即是整理本國的文化史。」[15]而梁啟超更明言：「文化這個名詞有廣義、狹義二種：廣義的包括政治、經濟；狹義的僅指語言、文字、宗教、文學、美術、科學、史學、哲學而言。」[16]故他在討論專門史和普遍史兩種類別時就說，「普遍史即一般之文化史」。[17]

---

13 錢穆：《國史新論》，北京：三聯書店，2001年，346-347頁。

14 胡適：《〈國學季刊〉發刊宣言》，《胡適文集》，歐陽哲生編，北京：北京大學出版社，1998年，第3冊，14-15頁。

15 顧潮：《顧頡剛年譜》，97頁。

16 梁啟超：《中國歷史研究法（補編）》，《飲冰室合集‧專集之九十九》，124頁。

17 他進而申論說：「普遍史並非由專門史叢集而成。作普遍史者，須別具一種通識，超出各專門事項之外，而貫穴乎其間，夫然後甲部分與乙部分之關係見，而整個的文化始得而理會。」參見梁啟超：《中國歷史研究法》，《飲冰室合集‧專集之七十三》，35頁。

　　由於「文化」本有廣狹二義，「文化史」的定義也須從其語境中確定。梁啟超曾論《世本》一書的特點，說其「特注重於社會的事項；前史純以政治為中心，彼乃詳及氏姓、居、作等事，已頗具文化史的性質」。[18]這裏的「文化史」，便是狹義的。也正因此，何炳松在1924年不得不強調：文化「即文明狀況逐漸變化之謂」。故「文化史應以說明一般狀況之變化為主。若僅羅列歷代典章制度、文人藝士為事，充其量不過一種『非政治的』過去事物之列肆而已，非吾人所謂文化史也」。[19]這是一個非常值得注意的界定，何氏所欲區分的，恰是後來較常見的，很多所謂「文化史」，的確是在「非政治的」方面著力。

　　從操作的層面言，可以考慮借助今日人類學意義的視角，較為廣義或開放地看待「文化」（人類學中關於「文化」的定義也各不同，姑且取其寬泛的一面），多關注傳統、價值系統、觀念形式和各類建制（institutions）；所有這些皆不宜懸空議論，而是落實在各類人的具體生活經歷和體驗之中，側重於社會層次、生活習俗、思想觀念、學術狀況與集體心態等。以傳統專門史類別言，文化史可以相對更少一些政治史、軍事史和經濟史的內容，而更多整合社會史、思想史、學術史、生活史和心態史等面相，但要始終不忘這些面相與政治、軍事和經濟的密切關聯。

　　這一切當然都建立在史料的基礎之上。如陳寅恪所說：「吾人今日可依據之材料，僅當時所遺存最小之一部；欲藉此殘餘斷片，以窺測其全部結構，必須備藝術家欣賞古代繪畫雕刻之眼光及精神，然後古人立說之用意與對象，始可以真瞭解。」[20]這裏最需要的，就是所

18　梁啟超：《中國歷史研究法》，《飲冰室合集・專集之七十三》，15頁。

19　何炳松：《五代時之文化》（1925年），《何炳松論文集》，劉寅生等編，北京：商務印書館，1990年，248頁。

20　陳寅恪：《馮友蘭〈中國哲學史〉上冊審查報告》，《金明館叢稿二編》，北京：三聯書店，2001年，279頁。

謂歷史想像力。然而想像也當有限度，歷史想像的基礎和限制，仍在
史料之上。近代存留下來的史料固然遠比古代更豐富，若與當時曾經
存在的材料相比，也不過「殘餘斷片」而已；敘述時留有餘地，可能
還更接近「其時代之真相」。

　　據說老子曾對孔子說：「六經，先王之陳跡也，豈其所以跡哉！
今子之所言，猶跡也。夫跡，履之所出，而跡豈履哉！」這是《莊
子‧天運》中所言，義甚悠遠。[21]在司馬遷的記載裏，老子是這樣對
孔子說：「子所言者，其人與骨皆已朽矣，獨其言在耳。」[22]此語或本
《莊子》，而意有所移。從史學角度言，司馬遷的態度更積極。其意
或謂言在，固未必非人在不可；跡固非履，似亦可由跡以知履（此履
指動作）。[23]

　　要理解領會六經之文本，固當深究其文字，更當朝著「履之所
出」的方向努力探尋「所以跡」的一面。六經及其所承載的「道」，
並非憑空而至的虛懸「理論」，它們有其作者（不必是一時一人），有
其目的和針對性（不必是單一的），有其產生和形成的語境，及其生
成的動態過程。換言之，言亦是行；圍繞「立言」的行為這一切所能
告訴我們的，絕不少於言說本身的文字意謂。[24]

　　進而言之，《莊子》所說之「跡」和司馬遷所說之「言」，不必一
定落實在文字之上；任何人造物體皆能反映也實際反映了製造者的思
想，亦皆其「跡」其「言」。若立言者之骨尚未朽，更增添了意想其

---

21 既然先王之陳跡未必是其「所以跡」，則後現代文論所謂文本的獨立生命，似亦可
　　由此索解。

22 司馬遷：《史記‧老子韓非列傳》，第7冊，2149頁。

23 本段與下段，並參閱羅志田：《事不孤起，必有其鄰：蒙文通先生與思想史的社會
　　視角》，《四川大學學報》2005年4期。

24 參見Quentin Skinner, *Visions of Politics*, vol. I, *Regarding Method*, New York: Cambridge
　　University Press, 2002, pp. 103-27.

「生人」的可能。《韓非子・解老》說：「人希見生象也，而得死象之骨，案其圖以想其生也。」[25]後日之古生物學正類此，考古學亦仿此法，藉以復原各種已不可見的古之事物。引申言之，梁啟超所謂使歷史「僵跡變為活化」的方式也多少類似，即「因其結果，以推得其情態；使過去時代之現在相，再現於今日」。[26]

章學誠沒有司馬遷那麼樂觀，但他顯然領會了《莊子》之深意，故指出：「人之所以謂知者，非知其姓與名也，亦非知其聲容之與笑貌也；讀其書，知其言，知其所以為言而已矣。」這裏點出的「所以為言」，正是《莊子》所謂「所以跡」之意；後人很多時候會出現「接以跡者不必接以心」的現象，恐怕即因為沒有朝著昔人「所以為言」的方向去努力探索。蓋古人立言，自「有其憂與其志」。用今日的話說，古人之「憂」與「志」，即其立說之動機和意圖之所在。要使其所言不至於「湮沒不章」，就要能「憂其憂、志其志」。[27]

因此，章氏把孟子的「論世知人」說提高到「文德」的程度，特別強調「論古必恕」的重要。他解釋說，「恕非寬容之謂」，而是指「能為古人設身而處地」；若「不知古人之世，不可妄論古人文辭也；知其世矣，不知古人之身處，亦不可以遽論其文也」。[28]我們當然首先依靠今昔之「同」來理解古人，但還要進而探索和尊重古今之「異」。治史者在考索前人所遺之「言」時，倘能儘量再現立言者之「人與

---

25 按《韓非子》接著說「故諸人之所以意想者，皆謂之象也」，別有深意，此不贅述。前引司馬遷的話，恰出於《老子韓非列傳》之中，不排除他寫作時心中正有此韓非子「解老」的見解。

26 梁啟超：《中國歷史研究法》，《飲冰室合集・專集之七十三》，1-2頁。這當然是一種借助後見之明的倒放電影取向，不能不審慎使用。

27 章學誠：《文史通義・知難》，北京：中華書局，1961年，126-127頁。

28 章學誠：《文史通義・文德》，60頁。

骨」及立說之語境，順其「所以為言」的方式和方向認識其所言，[29]
理解必更進一層，庶幾可趨近「接以跡」亦「接其心」的境界。

即使「言」為文字，其「跡」也有虛實之分。朱熹說：「禮即理
也，但謂之理，則疑若未有形跡之可言；制而為禮，則有品節文章之
可見。」[30]這是極有識見的觀察和歸納。據司馬遷所引，孔子曾說
「我欲載之空言，不如見之於行事之深切著明也」（《史記 · 太史公自
序》）。朱子或即本此而申論之。任何「空言」，本亦皆有形跡，然而
很容易呈現為一種「若未有形跡」的狀態，必具體化而後可表現，可
理解。

對史學而言，最主要的首先是往昔之「跡」的存留。孟子曾說，
「王者之跡熄而詩亡，詩亡然後《春秋》作」（《孟子 · 離婁下》）。其
言外之意，似乎後世奉為史學宗主的《春秋》，從一開始就與往昔之
「跡」的存亡相關。《四庫提要 · 史部總敘》（卷四十五）曰：「苟無
事蹟，雖聖人不能作《春秋》；苟不知其事蹟，雖以聖人讀《春秋》，
不知所以褒貶。」[31]中國古代史學非常重視記錄的功能，[32]大概也有
不希望前人事蹟熄滅消逝的意思在。清季一位不署名的作者曾說：
「歷史者，攝過去之影而留其跡者也。」[33]梁啟超進而提出，「凡史蹟

---

29 陳寅恪在解讀白居易的《長恨歌》時就提出：「欲瞭解此詩，第一須知當時文體之
　　關係，第二須知當時文人之關係。」而「唐人小說，例以二人合成之。一人用散文
　　作傳，一人以歌行詠其事」。這是唐代貞元、元和間興起的一種新文體，與當時的
　　古文運動有密切關係。明白了唐代小說中「歌」與「傳」相配的言說風習，就能知
　　道陳鴻的《長恨歌傳》與《長恨歌》「非通常序文與本詩之關係，而為一不可分離
　　之共同機構」。陳寅恪：《元白詩箋證稿》，北京：三聯書店，2001年，2-5頁；《論再
　　生緣》，《寒柳堂集》，北京：三聯書店，2001年，105頁。

30 朱熹：《答曾擇之》，《朱熹集》，卷六十，3110頁。

31 《四庫提要》，北京：中華書局，1965年影印，卷四十五，397頁。

32 參見羅志田：《知人論世：陳寅恪、傅斯年的史學與現代中國》，《讀書》2008年6期。

33 不署名：《中國之改造》，《大陸》（1903年），張枬、王忍之編：《辛亥革命前十年間
　　時論選集》，卷一上，416頁。

皆人類過去活動之僵跡也。史家能事，乃在將僵跡變為活化」。[34]

　　這類重視往昔之「跡」，並進而探索、保存、及「活化」史蹟的立意，是應該繼承的。到今天為止，近代中國文化史的研究仍然相對薄弱。其原因甚多，一個重要的原因是，面對近代這樣的大變局，又秉持一種相對廣義的文化視角，要系統考察和整體構建足以展現各方面多層次互動圖景的「文化史」，實非鴻篇巨製不能為，且需要長期的積累。前引胡適心目中系統的「中國文化史」，包括十種專門史；若以其所想為標準，必先有十本可據的近代專門史，然後可以考慮一本綜合的近代中國文化史。如果這樣，我們距離那一目標的路途，恐怕還相當遠。

　　不過，所謂「千里之行，始於足下」；何炳松以為，「要想做一部理想的中國通史，應該從研究小規模的問題著手」。採取分工的方式，「各人盡各人的力量先去研究歷史上的小問題，把研究所得的作成專篇」，以為通史的基礎。將來中國史上「所有的問題都一一研究解決了，那麼想編通史的人，就可以利用這種材料編成一部盡善盡美的中國史」。[35]顧頡剛也說：「千萬個小問題的解決，足以促進幾個中問題的解決；千萬個中問題的解決，足以促進幾個大問題的解決。」研究小問題所得的結論，經過長時期的積累，總會「有一個總結論出來」。[36]

　　上述思路在史學界長期存在，甚有影響，多數史家一直在做著類似的積累工夫。不過，陸惟昭卻不贊成「通史便從專史綜合而成，通史所敘當為專史之精華」的見解。他以為，「通史以人類社會活動為本位，專史以問題為本位」；前者「以人類社會之演進為歸宿」，後者

---

34 梁啟超：《中國歷史研究法》，《飲冰室合集・專集之七十三》，1-2頁。

35 何炳松：《歷史研究法》（1928年），《何炳松文集》，劉寅生等編，北京：商務印書館，1997年，第4卷，263頁。

36 顧頡剛：《〈古史辨〉（二）自序》（1930年），《古史辨》（二），3頁。

敘述之首尾則「以某種事實或某種學問為歸宿」。不僅兩者的「範圍有普通與專一之不同」，其所採為依據的史料也往往各異，故「通史所取材料，每與專史不一」。[37]換言之，通史從問題意識到史料採用，都自有其所側重，未必是從專史積累而成。這一思路在史學界的影響相對較小，其實甚有所見，很值得三思。

關於通史、專史和斷代史的關係問題，不是這裏可以簡單說明白的，當另文申論。而上述兩種取向，也完全可以相容。錢基博提出：「讀書欲得要領，貴乎能觀其會通。然欲觀其會通，必先分部互勘。非然，則以籠統為會通矣。」[38]著作通史，不能沒有會通的眼光，僅憑專題研究的積累進行綜合，的確很難成功。然會通本自分別、比較得來，能分而後能通。細節永遠是重要的，從其中可以見整體；也只有從細節入手，才能認識整體。

這樣看來，研究近代中國文化史，應借鑑近代人那種長時段的眼光，把以共和取代帝制為象徵的全方位巨變視為一個發展中的進程。在近代中國這一時空之中，新舊中西的接觸、碰撞、交流和相互依存、競爭及錯位等現象至為複雜曲折，反映在政治、社會、思想、學術等方方面面。對近代文化的任何點滴履跡，都必須從上述長時段全方位的整體眼光去觀察，並落實在具體人物的行事之上，以展現各方面多層次互動的動態圖景，庶幾可能趨近杜甫所謂「窗含西嶺千秋雪」那種尺幅千里的意境。

（原刊《四川大學學報》2008年6期）

---

37 陸惟昭：《中等中國歷史教科書編輯商例》，《史地學報》，1卷3期（1922年5月），30頁。

38 錢基博：《〈史記〉之分析與綜合》（1935年），《錢基博學術論著選》，曹毓英選編，武漢：華中師範大學出版社，1997年，448頁。

讓思想回歸歷史：近代中國思想史研究的一點反思

　　作為史學的一個子學科，思想史在今日西方是相對沒落的。[1]以近代中國研究為例，自從李文森（Joseph R. Levenson）之後，似乎就少見思想史方面的著作。但是在中國大陸，或許因為過去太重政治史、經濟史等更為「實在」的學科，原來相對不被看重的思想史在近十多年顯然處於上升地位。我們學界近年相當強調「與國際接軌」，卻表現出與西方相異的發展趨勢，這是否即是我們學術「主體性」的體現，很值得探討。

　　目前很多人愛說「轉型」，其實既存學術積累對今天的研究仍有較強的影響。在20世紀的中國，思想史在各專門史中雖算不上顯學，卻也並非邊緣，一直有其地位。不過，在學科認同層面，「思想史」卻顯得不夠「獨立」。從早年的「學術思想史」（「學術思想」在這裏常作為一個詞使用）到後來的「思想文化史」，這似乎是個總需要外在支持的學科（當然也可說是一個持續對外開放的學科）。在相當長的時間裏，一些以「哲學史」為名的著述就曾被認為本是「思想史」。[2]

1　關於此前思想史在西方、特別是美國的演化，參看Robert Darnton, "Intellectual and Cultural History," in idem, *The Kiss of Lamourette: Reflections in Cultural History,* New York, 1990, pp. 191-218.

2　參見葛兆光：《七世紀前中國的知識、思想與信仰世界》，上海：復旦大學出版社，

　　儘管與思想並稱的前有「學術」後有「文化」，至少從胡適開
始，真正與「思想史」關聯最緊密的還是「哲學史」。有意思的是，
胡適自己早年所寫的「哲學史」還隱約帶有舊「學案體」的痕跡，以
人物為中心；後來改稱「思想史」，卻漸漸疏離了作為思想者的人
物。[3]從50年代開始，中國大陸的思想史研究受蘇聯學術影響甚大，
更多偏向哲學理念一邊，思想者遂進一步淡出了思想史。[4]這一傾向
留下的痕跡，今日仍較明顯（詳後）。

　　思想固然是歷史的產物，但思想本身也是歷史，因為思想本有過
程，或始終處於發展進程之中（此意黑格爾、馬克思似皆說過）。我
想，思想史研究首先要讓思想回歸於歷史，其次要儘量體現歷史上的
思想，第三最好能讓讀者看到思想者怎樣思想，並在立說者的競爭及
其與接受者的互動之中展現特定思想觀念的歷史發展進程。下面結合
中國近代思想史的研究，提出一些不成熟的片斷反思。

　　在近代中國思想史研究中，過去較多出現的一種做法，是標舉某
一觀念，界定其（通常不受時間限制的）外延內涵，然後描述其線性
（即單線式、直線式）的發展──往往還是一種不斷「進步」的發
展──過程。這一取徑的好處是清楚明瞭，但也可能遮蔽歷史的豐富
面相。

　　在思想本身的發展衍化歷史中，恐怕很難找到什麼真正邊界清
晰、概念固定的觀念，也很難見到某種觀念可以呈現出一條清晰而沒

　　1998年，3-7、25-26頁；羅志田：《探索學術與思想之間的歷史》，《四川大學學報》
　　2002年3期；《經典淡出之後：過渡時代的讀書人與學術思想》，《中華文史論叢》
　　2008年4期。
3　可對比胡適的《中國哲學史大綱（卷上）》（北京：商務印書館，1987年影印）及其
　　《中國中古思想小史》（臺北：中研院胡適紀念館，1969年）。
4　可對比侯外廬的《近代中國思想學說史》（上下冊，上海：生活書店，1947年）和
　　他與人合著的多卷本《中國思想通史》（北京：人民出版社，1992年重印）。

有枝蔓的發展「進程」；多數思想觀念都是在反覆表述和實踐的過程
中，伴隨著各式各樣的理解，甚至各種歧義和衝突，在相關見解（包
括相似、相近和對立的見解）的不斷辯論和競爭中發展的；具體見解
的提出者和先後參與爭辯者，又都有其常受時空語境限制的特定動機
和意圖。簡言之，思想是行動，而且是有意的行動，並始終處於行動
的狀態之中。如果不能展現這樣一種互競的辯難進程，大概就很難說
是「歷史上的思想」。

　　讓思想回歸於歷史，[5]就是要特別注重具體思想觀念之所出，而
不宜將不同時期不同派別的觀念混同使用而不加辨析。即使同一詞
彙，在不同的時空場景中為不同的人使用，其指謂可能就很不相同。
蒙文通先生指出：「讀中國哲學，切不可執著於名相。因各人所用名
詞術語，常有名同而實異者，故必細心體會各家所用名詞術語的涵
義，才能進行分析比較。」他以為，治周秦、魏晉、宋明哲學最難通
過的一關，就是「對當時語言詞彙之不易瞭解」。這幾乎「等於學一
種別國文字」，「非真積力久，不能洞悉當時語言所指之內容涵義」。
然若對當時「名詞不習慣、無體會」，則不僅不能讀史料，也難真正
瞭解相關的研究；能「懂得名詞，也就懂得思想了」。[6]

　　這是見道之識。一方面，名詞術語可以說永遠是時代的；另一方
面，後人又往往援用前代的某些名詞術語。後人既使用前人提出的名
詞術語，必然有接受繼承的一面；而他們或多或少總是賦予其某些新

5　葛兆光兄曾專門論及「思想史究竟應當是思想還是歷史」，不過他關注的更多是怎
　　樣表述「思想的平庸時代」（《七世紀至十九世紀前中國的知識、思想與信仰世
　　界》，上海：復旦大學出版社，2000年，11-17頁），與本文所論不是一個問題。
6　蒙文通：《治學雜語》，收入蒙默編：《蒙文通學記（增補本）》，北京：三聯書店，
　　2006年，5頁；蒙文通致湯用彤，1957年，《蒙文通先生論學來往信函》，收入四川
　　大學歷史文化學院編：《蒙文通先生誕辰110週年紀念文集》，北京：線裝書局，
　　2005年，36頁。

的涵義，或以適應和因應其時代的要求，或借其表達自己想要樹立的
新義（我想強調，兩者更多都處於有意無意之間，即使是有意地因應
或創新，也在無意之中受其所處時空的限制，更不必說很多時候確是
無意之中就表述出其所在時代的聲音了）。

　　可知名相永遠有抽象和具體的兩面，其意義多數時候隨時空和文
化的語境而轉移。例如，我們說到「民主」或「法治」一類詞彙，大
體會有些眾皆認可的意思，實際卻常常是眾皆以為「眾皆認可」，其具
體指謂卻未必能真正彼此分享（所以有時會被加上冠詞而限定之）。
如果把「思想」視為有意的行動，名相的抽象意謂就大大減弱，或隨
時處於某種轉變之中。甚至可以說，當名相被使用時，它們都是使用
者在一定時空和文化之中用以表述自己、說服他人，或藉以與不同意
見競爭，而其意義也與這類有目的之「使用」名相直接相關。

　　由於時空的場合情景、思想規範對立說者的限制，以及立說者各
自意圖的不同，同樣的詞語所表達的意思可能頗有歧異。遠的不說，
即以近代著名的「中學為體，西學為用」為例。類似的說法可能回溯
到較早（如馮桂芬），若充分考慮甲午中日戰爭的轉折性影響，則其
具體意謂在甲午前後實有很大的不同。後之表述雖借鑑或繼承了前之
說法，但已賦予了非常多的新意。最簡單的區別，即在甲午前的士人
心裏，中西學的主輔位置是非常明確的；[7]而張之洞的《勸學篇》卻
提出「舊學為體，新學為用，不使偏廢」的觀念。[8]從文化競爭的角

7　馮桂芬早就強調「以中國之倫常名教為原本，輔以諸國富強之術」，參閱其《校邠
　　廬抗議・採西學議》，上海，上海書店出版社，2002年，556頁；薛福成到1885年仍
　　說：「取西人器數之學，以衛吾堯、舜、禹、湯、文、武、周、孔之道，俾西人不
　　敢蔑視中華。」薛福成：《籌洋芻議》，《薛福成選集》，上海：上海人民出版社，
　　1987年，556頁。
8　張之洞：《勸學篇》（1898年），《張文襄公全集》（4），570頁。

度而言，其最後對兩者都要「不使偏廢」的強調，代表著立場的重大轉變，絕不可小視。

　　一般都將張之洞視為「中體西用」說的代表，他顯然更多代表甲午後的新知，所以嚴復根本認為這就是甲午後的產物。他說：中國士夫「經甲庚中間之世變，惴惴然慮其學之無所可用，而其身之瀕於貧賤也，則倡為體用本末之說」。[9]李文森進而注意到，張之洞在清季講「中體西用」，注重的是後者；到民國年間梁啟超重彈此調時，強調的已是前者了。[10]儘管梁啟超講中體西用（雖然用詞略不同）實早於張之洞，但幾十年間這一觀念的前後側重不同仍是存在的。在某種程度上甚至可以說，本沒有什麼抽象的「中學為體，西學為用」，只有在具體歷史時段和語境裏的「中學為體，西學為用」。若不細心揣度，輕易將其混為一談，很容易南轅北轍。

　　同理也適用於外來名詞，且因直接牽涉到不同語言的翻譯問題，空間轉換引起的歧義又更常見。近代很多中國讀書人被西方改變了思想方式，在中學不能為體之後，外來名詞逐漸佔據了中國思想言說的中心。且不說最初引進者對外來詞的翻譯是否準確，由於表述的倉促和隨意，不少追隨者引述外來詞彙，常常不過據其中文的字面意義寬泛地使用。而近代中國的流行觀念，多數是經日本轉口的西方思想（包括受日本改造而具有新涵義的中文舊詞彙）。這類經過長途跋涉並輾轉於幾種文化之間的觀念，對其流動性及因此而產生的轉化，更要有充分的認識。

　　在這樣的背景下，不僅同一詞彙在不同的時空場景中為不同的人

9　嚴復：《與〈外交報〉主人書》，《嚴復集》，王栻主編，北京：中華書局，1986年，第3冊，561頁。

10　參見Joseph R. Levenson, *Liang Ch'i-ch'ao and the Mind of Modern China*, 2nd ed., Berkeley: University of California Press, 1967, pp. 6-9.

使用，其指謂可能很不相同；有時同一當事人對同一觀念的表述，也可能參差不齊。許多正式或非正式的簡單界說，也未必能盡道出其所欲言。

更重要的是，言即是行；「立言」的行為進程所能告訴我們的，絕不少於言說本身的文字意謂。不論是名詞術語的提出還是其被援用，不論是在名詞術語提出的時空還是其被援用的時空，其具體涵義往往體現在「各家所用」之中。[11]對個體的表述者尤其如此。故要「洞悉當時語言所指之內容涵義」，恐怕更多要側重於名詞術語的「使用」之上。解讀者只有回到立言者所在的語境之中，充分理解其所受的時空限制，側重其當下意圖，在辨析中儘量探索其隱伏的未盡之義和未盡之意，才可以說「懂得名詞，也就懂得思想了」。

在中西文化碰撞異常激烈的近代，復因大量帶有日本烙印的轉述，翻譯轉換因素的影響尤其顯著。對於外來觀念術語，一方面不能不先弄清其原始出處及原初意謂（同時要注意其在原產地也是隨著時間演變的，故當地今日的概念未必與此前相同），另一方面也不宜過於拘泥，避免產生傅斯年所說的「刻舟求劍」效應。[12]

在思想史的研究中，有些人似太重觀念的「原始性」，對來自西方的觀念，必號稱從頭到尾展現出幾百上千年間所謂「思想的光譜」，然後據以衡論中國之言說。他們似未考慮到，現存的觀念理

---

11 參見Quentin Skinner, *Visions of Politics*, vol. I, *Regarding Method*, New York: Cambridge University Press, 2002, pp. 103-127.

12 傅先生原文是說顧頡剛「凡事好為之找一實地的根據，而不大管傳說之越國遠行。如談到洪水必找會稽可以有洪水之證，如談到緯書便想到當時人何以造此等等」。對於「緯書上一些想像，及洪水九州等觀念，我們不可忘傳說走路之事也」。說到底，「如必為一事找他的理性的、事實的根據，每如刻舟求劍，舟已行矣，而劍不行矣」。見傅斯年：《評〈秦漢統一的由來和戰國人對於世界的想像〉》（1926年），《古史辨》（二），14頁。

論，即使源自於西歐，而「西方」早已從西歐擴大了許多。這些思想在西方範圍內的歷時性發展，已是足夠大的變數；同樣的思想又早經世界各國所思考甚或實踐，現在更有不少產自西方的理論是基於非西方地域的考察。[13]真要展現這類思想觀念的光譜，恐怕也只能像今日解析人類基因一樣，由全世界大量的學者合作才有可能。

而且，在歷史時空裏的特定思想，如傅斯年所說，不過是「相對之詞非絕對之詞，一時之準非永久之準」；各有其發散、傳播和接收的途徑與範圍，後人的解讀，自不能不受此範圍的限制。[14]必須充分尊重當事人當下的表述，若其表述中所無的，就不應把後來的概念強加給他們。至少，若當事人視為相同、相通、衝突或對立的觀念，絕不能以我們所能知道的某觀念之「原狀」或「全貌」來做出與當事人相左的判斷。[15]很多時候，與其刻意追尋特定觀念原初意涵的精準，還不如梳理其淵源流變的走向，盡可能呈現其在競爭中發展的動態歷程。

不少近代思想史研究者又很願意斷言某一觀念（詞彙）在文獻中何時最早「出現」、被何人最早使用等等。實際上，在未曾窮盡所有文獻之前，這類判斷常常不過是偏於「大膽的假設」而已；不論其構

---

13 如關於民族主義的「想像共同體」之說，便似更適應殖民地區域，而非殖民者本身的地域，也不那麼適應既非殖民地亦非殖民者的區域。

14 傅斯年指出，宋之程、朱，清之戴、阮，「皆以古儒家義為一固定不移之物，不知分解其變動，乃昌言曰『求其是』」。其實，「所謂是者，相對之詞非絕對之詞，一時之準非永久之準」也。在這方面，不以史學見長的朱子「差能用歷史方法」，故論「性」時尚「頗能尋其演變」，猶勝於戴震和阮元。所謂「求其古」，即從歷史的觀點疏解古籍文本，注重推其言說的淵源流變，以明其在思想史上之地位。歷代「思想家陳義多方，若絲之紛，然如明證其環境、羅列其因革，則有條不紊者見矣」。故「『求其古』尚可藉以探流變，『求其是』則師心自用者多矣」。傅斯年：《性命古訓辯證》，《傅斯年全集》，第2冊，169-170頁。

15 參見羅志田：《不改原有之字以開啟「相異的意義體系」》，《社會科學研究》2003年4期。

建的言說體系多麼系統堅固，只要有過去未曾注意的「新材料」出現，真可以被片言所顛覆。不是說這樣的溯源性考證和爭辯不需要，但更重要的可能還是特定觀念何時成為一種眾皆分享的時代思想言說（discourse），即成為用以表述並相互溝通的時代知識系統的一個組成部分，或至少在特定範圍裏達到眾皆參與的程度。

近代中國的顯著特點是動盪而激變頻仍，在這樣的社會裏，思想的內在理路之運行更加潛移默化，表現也更為模糊，而思想本身則特別容易受到外在因素的影響，並與外在因素互動，形成所謂思潮。淩廷堪論學術之變遷說：「其將變也，必有一二人開其端，而千百人譁然攻之；其既變也，又必有一二人集其成，而千百人靡然從之。」此時也就是特定學術典範將由盛而衰的階段，「及其既衰也，千百庸眾坐而廢之，一二豪傑守而待之」。[16]思潮的形成與盛衰，大體也類似。即潮是有漲落的，而且高潮的時間不長；有時候保持一個距離，更容易看清潮起潮落的變化。[17]在動盪的時代，潮起潮落的轉換，可能更短暫也更頻繁。

那種考證特定觀念「何人何時最先提出」並辨析其單線性淵源流變的取徑，通常只能在該觀念傳播的早期進行。而梳理「思潮」發展形成的進程則更為重要，一方面要循思想的「內在理路」，從其「內

---

16 淩廷堪：《與胡敬仲書》、《辨學》，《校禮堂文集》，北京：中華書局，1998年，204頁、33頁。

17 蒙文通先生嘗據孟子所說「觀水有術，必觀其瀾」提出：「觀史亦然，須從波瀾壯闊處著眼。浩浩長江，波濤萬里，須能把握住它的幾個大轉折處，就能把長江說個大概；讀史也須能把握歷史的變化處，才能把歷史發展說個大概。」蒙文通：《治學雜語》，《蒙文通學記（增補本）》，1頁。不過，由於「水」本起伏曲直、源遠流長，濤起濤落的前後，可能是很長一段平靜的水面。恐怕只有既「從波瀾壯闊處著眼」，又與波瀾保持一定的距離，才能觀「瀾」而不忘「水」，從一瀉千里的動態中把握波濤翻滾之所以然。

在嚮往」和「內在要求」中探索其「內在的一貫性」；[18]同時也必須充分結合外緣因素，以「由外求內」的方式進行探討。[19]「思潮」既然是內在理路與外緣因素互動的結果，必然能夠吸納和聚積眾多富有熱情的追隨者。[20]而「思潮」一旦形成，當「眾皆參與」進入名副其實的階段時，借鑑或轉抄就是最為常見的現象：不同之人對具體觀念的使用和表述，可見相當的不同（也可能完全相同，卻常常不說是借鑑而像是自創）；有時即使是基本轉抄他人話語，卻可能是在表述不盡相同的意思。在承認「思潮」共性的前提下，仍必須把參與者的言說置入其發生發展的語境中進行具體解析。[21]

如論近代者幾乎言必稱民族主義，若從學理言，這一觀念與「國家主義」密切關聯。不過，昔年之讀書人若非進行專門的學理論述，遣詞用語常較隨意。梁啟超多數時候就把民族主義和國家主義當作同義詞替換使用。而胡適對其所謂「狹隘的民族主義」始終有所保留，對「國家思想」一詞卻常贊同地使用，實則兩者在他心目中基本同義。[22]很多追隨者更常常從其中文的字面意義寬泛地使用民族主義等

18 參見余英時：《論戴震與章學誠‧增訂本自序》，北京：三聯書店，2000年，2-3頁；錢穆：《中國歷史研究法》，北京：三聯書店，2001年，6、19頁。

19 當年考古學者進行殷墟發掘時，就逐步認識到「要瞭解小屯必須兼探四境」的取向，故採用「『由外求內』的方法發掘小屯的四境，以解決小屯」問題。參見李濟：《安陽最近發掘報告及六次工作之總估計》（1932年），《李濟考古學論文選集》，張光直、李光謨編，北京：文物出版社，1990年，276頁。

20 參見梁啟超：《清代學術概論》，朱維錚校訂，上海：上海古籍出版社，1998年，1頁。

21 劍橋大學的Quentin Skinner一直特別強調將觀念置入其語境中進行探討的取向，參見James Tully, ed., *Meaning and Context: Quentin Skinner and His Critics*, Princeton University Press, 1988.

22 胡適在1931年的《四十自述》中說，梁啟超的《新民說》「最大貢獻在於指出中國民族缺乏西洋民族的許多美德」，其中之一缺便是「國家思想」。在他的英文自傳中有基本相同的一段敘述，其「國家思想」的英文對應詞恰是nationalism。參見胡

詞，後人在進行歷史敘述時，若非對其進行專門的學理辨析，恐怕也不能不充分認識昔人的隨意性，並予以足夠的尊重。

在充滿激情的近代中國，學術規範相對寬鬆，像陳寅恪那樣非常講究表述嚴謹性的書齋學者是極少數。多數讀書人即使在做出學理表述時，也常帶有一定程度的隨意性。有些歷史當事人在做出學理性的界定時，常會參考相關書籍給出一個其以為比較公允合適的定義，反不一定完全反映其真實的想法。例如，對比既存孫中山關於三民主義的臨時性演講文本和其稍早為此演講所寫的少數章節，就可見事先預備的文稿和口頭即興表述有著不小的差別；前者顯然核查及引用了相當一些西方理論書籍，後者可能更多反映出其心目中的三民主義。[23]

當然，即使是後來的即興表述，三民主義也代表著一種構建系統理論的努力。還有不少進入我們研究視野的言說，立言者本非意在闡明學理。至於進入「行動的時代」之後，如胡漢民在北伐時所說：「一個人太忙，就變了只有臨時的衝動。比方當著整萬人的演說場，除卻不斷不續的喊出許多口號之外，想講幾句有條理較為子細的話，恐怕也沒有人要聽罷？」[24]

這是非常形象的寫實性陳述。過去一些研究者，常把這類臨時衝動下脫口而出的現場表述，拿來進行仔細的學理分析。另外更多的研

適：《四十自述》，《胡適文集》，歐陽哲生編，第1冊，72頁；胡適自撰的傳記條目，*Living Philosophies*, New York: Simon & Schuster, reprint, 1942, p. 247.

23 此昔年讀書時承詹森（Marius B. Jansen）師見示。孫中山曾為撰寫《三民主義》搜集了大量的西文參考書，現在可見到的最初撰寫的章節便多徵引或整理相關的西方觀念，這些書都散失於陳炯明造反之時，後來的系列演講則是即興而出，故要通俗得多。關於不同版本的《三民主義》，可參閱徐文珊編：《國父遺教：三民主義總輯》，臺北：中華叢書編審委員會，1960年。

24 胡漢民致胡適，1928年6月29日，《胡適來往書信選》，北京：中華書局，1979年，上冊，438頁。關於「行動的時代」，參見羅志田：《激變時代的文化與政治——從新文化運動到北伐》，北京：北京大學出版社，2006年，132-143頁。

究者，又往往側重那些有條理的書齋式冷靜論述，而忽視這些遠更常見的斷續「臨時衝動」。兩者恐怕都有些偏頗。在那激情洋溢的時代，要理解歷史上的具體觀念，恐怕既要關注那些書齋裏的冷靜學理論述，更要探索和處理時人相對直觀的當下認知。若引經據典的學理性定義出自那些行動者而非書齋學者，就需要更為謹慎的解讀。

我們常喜歡追究歷史上某一句話或某一觀點在學理上是否站得住，其實更應追究的，或許是昔人為什麼這樣說（而不那樣說）？為什麼說這些（而不是說另外一些）？他們所針對的是什麼？想要做什麼（如維護什麼或反對什麼等）？應盡可能探尋這些表述者在表述當時意識層面的思考，及其可能是下意識的反應。這些當然都和他們的思想資源和思想工具相關，但更多是一種若即若離的輔助性關聯，若將每一具體表述皆先進行新舊中西的定位，然後進行學理分析，就真可能走上刻舟求劍之路了。

對於具體人物的具體表述，僅僅摘取其一二「代表性」的言論是不夠的，且可能使其言說過度抽象化。同時也要注意，如梁啟超所說，任何史料中的「單詞片語」，都「有時代思想之背景在其後」。[25] 立說者及其所立之說，都反映著時代的共性，解讀者仍須從論世知人進而知言的方式入手。

戴名世特別提出，論世不一定是從眾。對於歷史上群體性的眾好眾惡，也要慎重處理：「眾不可矯也，亦不可徇也。設其身以處其地，揣其情以度其變，此論世之說也。」[26]另一方面，時代的共性不

---

25 梁啟超的原話是：《尚書》等上古書、志、記等文獻，「蓋錄存古代策命告誓之原文，性質頗似檔案，又似文選。但使非出杜撰，自應認為最可寶之史料。蓋不惟篇中所記事實，直接有關於史蹟，即單詞片語之格言，亦有時代思想之背景在其後也。」梁啟超：《中國歷史研究法》，《飲冰室合集·專集之七十三》，12-13頁。

26 戴名世：《史論》，《戴名世集》，王樹民編校，北京：中華書局，1986年，404頁。

僅表現在眾皆認可，很多時候也表現在眾皆以為不可、眾皆不為或不能為。陶孟和曾說：

> 駭人聽聞的事，不能無故而發生。不過因為那事實奇異，是我們所不經見的，所以歷史家特別標出來。但是歷史家因為注意不經見的，卻把那經見的事忽略，是大錯的。驚天動地的事不是孤立的，與驚天動地的事件發生的前後，都是些有關係的事實。歷史家只注意非常之事，竟把所以致非常之事的情形，和非常之事所發生的影響，一概忽略，可謂不明歷史的性質。歷史是長久的經過，所有的事實都是相連貫相銜接的。國家的興亡，朝代的盛衰不過是長久經過中最惹人注意的事。所以發生興亡，盛衰的事實，是不促人注意的。但是仔細看來，那些事實，雖然不惹人注意，卻是非常重要。[27]

眾皆認可的面相，若到了所謂眾口一詞的程度，一般還容易看到；眾皆以為不可，則有時容易受到忽視，但若到千夫所指的程度，也還能引人注目；而眾皆不為就更為隱晦，這既包括有意不做，也包括不會想去做某些事，也就是眾皆不注意。

很多時候，視而不見就是根本不看的結果。一個時代哪些因素不為時人所注意，可以告訴我們的實在很多。孔子曾說「予欲無言」，與孟子所說的「不教亦教」，大致相通。即陸九淵所說「如曰『予欲無言』，即是言了」。[28]這樣看來，「不言」也是一種表達的方式。歷史當事人在意識層面故意不言的部分，即其所不欲言，及其為什麼不欲

---

27 陶孟和：《新歷史》，《新青年》，8卷1號（1920年9月），3頁（文頁）。
28 《象山全集》卷三四《語錄》，轉引自錢鍾書：《管錐編》，第2冊，北京：中華書局，1979年，459頁。

言和不言，應能說明不少問題。而其無意中或下意識的「不言」，也同樣重要。[29]

　　同時，眾皆不為也包括受到有形無形的約束而有意無意地不做或感覺不可做。胡適所謂「可憐他跳不出他的軌道」，[30]說的就是一個人跳不出他的時代限制。我們都知道馬克思的名言：「人們自己創造自己的歷史，但是他們並不是隨心所欲地創造，並不是在他們自己選定的條件下創造，而是在直接碰到的、既定的、從過去承繼下來的條件下創造。一切已死的先輩們的傳統，像夢魘一樣糾纏著活人的頭腦。」[31]

　　錢玄同很可能讀過這句話，他也曾說：「以前的人們總受著許多舊東西的束縛的，即使實心實意的想擺脫一切，獨闢新蹊，自成一家言，而『過去的幽靈』總是時時要奔赴腕下，驅之不肯去。所以無論發揮怎樣的新思想，而結果總不免有一部分做了前人的話匣子。」[32]中國史家很早就注意到歷史記載中多存在「所見異辭，所聞異辭，所傳聞異辭」的情形，這當別論；然而，如果那些有意破舊的「新思想」中仍不免部分成為「前人的話匣子」，就給史料解讀者增添了更進一層的困難，同時也為解讀史料增添了更深一層的魅力。

　　解決的方式，仍只能遵循論世知人的取向，盡可能回到「思想」的產生過程中，避免使言說抽象化或使立說之人「物化」。馬克思和

---

29 按陸九淵本儒家觀念做出的解釋，還不那麼深奧，因為「欲」的一面還在。莊子曾說的「不言之言」（《莊子‧徐無鬼》），在其特定的玄學範疇裏，意味極為深長。後來領導人對檔的「團閱」，即是深得老莊真意的表述方式；既非言，也非不言，段數尤高，頗有些「深不可測」，而下級還不得不「測」。倘歷史上懂玄學的人多了，則史學也就難治，這或者就是魏晉思想史和禪宗史今日仍少見高段解人的一個原因吧。

30 胡適：《無心肝的月亮》（1936年），《胡適文集》，第9冊，268頁。

31 馬克思：《路易‧波拿巴的霧月十八日》，《馬克思恩格斯選集》，第1卷，603頁。

32 錢玄同：《論〈說文〉及壁中古文經書》（1925年12月），《古史辨》（一），232頁。

恩格斯曾說,「不是意識決定生活,而是生活決定意識」。因此,符合實際生活的觀察方法是「從現實的、有生命的個人本身出發,把意識僅僅看作是他們的意識」,以再現其「能動的生活過程」。[33]必須將我們史學中已經淡出的具體單個的「人」召回到歷史著述中來,以「見之於行事」的方式,將每一思想創造者還原為具體場景中活生生的人物,讓讀者在「思想」的產生過程中看到思想者怎樣思想,進而通過思想爭辯的動態進程,以展現歷史上的思想。

（原刊《社會科學研究》2009年2期,題為《近代中國思想史研究的兩點反思》,原第二節是探討「把隱去的『人』召回歷史」,因擬另文專論,遂略去,並改今題）

---

33 馬克思、恩格斯:《費爾巴哈》,《馬克思恩格斯選集》,第1卷,31頁（強調的黑體字是原有的）。

立足於中國傳統的開放型新史學

　　兩千多年之前的詩人曾歌出「周雖舊邦，其命維新」（《詩・大雅・文王》）的名句，在此辭舊迎新的世紀之交即將來臨之時，20世紀中國史學的方法論，應該到了有所總結的時候了。我們的史學研究，似乎也已到了必須在方法論上有所突破之時了。總結非一篇文章所能為，本文也不敢輕言方法論，不過是從史學研究的一些側面作探索性的放言，希望引起同道的注意和重視。拋磚引玉早已成了客氣話，我這裏卻不作客氣話講，正是本文意之所在。

　　今日的學術已成為世界性的，且不說中國史學是世界史學的一部分，就是對中國自身歷史的研究，也已成為世界的研究。在新的世紀中，中國史學的進一步走向世界，既是必然的，也是必須的。但在世界史學研究領域中，老實說我們的地位並不算高。這裏面原因甚多，固然不排除近日西人講得熱鬧的所謂「文化霸權」的影響，但我們自己在許多方面的不夠高明，大概也是不容否認的。中國史學要走向世界，當然必須與國際通行的（實際主要就是歐美的）史學論說「接軌」。在此「接軌」的過程中恐怕不得不先接受我們在國際史學論說中尚處比較邊緣的地位這一事實，首先要熟悉瞭解歐美主流史學論說，逐步做到能以其論說方式和「語言」來表達中國的史學精義；在此共同語言的基礎上，進一步從中國史學的思路以中國的方式和「語言」提出國際接受（指內心真正接受）的史學論說，為世界史學做出我們的貢獻。

但不論在「接軌」的哪一階段，更重要的無疑是先要有自己堅實的文化立足點。可以說，史學的功能之一就是將人類特定群體在特定時期的有意識或無意識活動重建出來以使其不朽。每個人都是歷史的創造者，但沒有史學則許多人創造的「歷史」就可能湮沒。人類各族群的文化認同其實也就是在將該族群中許多個人的行動聯接成一個整體時才得以凸顯的。法國年鑑學派創立的長時段說，有意無意間也就是要想從不變的一面說明法蘭西文化的偉大，多少提示了當時的史家試圖超越法國在二戰中一度被戰敗這一事實的努力（是否是有意為之又當別論）。從這個意義上說，對人類之一部的中華共同體這一族群發展的歷史研究本身也就是中華民族文化認同的史學重建。這麼說似乎「文以載道」的意味太重，然由此角度認識史學的功能，當能增強學者的敬業之心。只要以嚴格的學術戒律規範之，知道「文可以載道」及「文實際在載道」這一事實應該不致影響史學家趨近客觀的學術努力。

本文探討跨世紀的新史學而強調立足於中國傳統，即取「周雖舊邦，其命維新」的命意。這裏所說的新，是溫故而知新的新，不是新舊不兩立的新；是出新意於法度之中的新，不是破舊立新的新。但既然名之為新史學，其基本的立意還是要出新。大致就如桐城文派所總結的：「有所法而後能，有所變而後大。」法而後能，則不可不溫故，不可不講法度；變而後大，就必然知新出新。也就是在講求學術戒律的前提下，對既存中外史學研究有所損益，在繼承、借鑑和發展的基礎上變而出新。

同時，本文也強調跨世紀新史學的開放性。開放型的新史學不可能不借鑑國外的新老方法，特別是今日學者援引較多的西方史學方法。但是，在方法論的層面，屬於異文化的西學方法在何種程度上以及怎樣可以用來詮釋中國的歷史呢？根據余英時先生的研究，胡適當

年能在國故研究上建立新典範、開闢新風氣，正因為「他的舊學和新知配合運用得恰到好處」。若只及一面，則當時不但舊學方面超過胡適的人不少，就是西學，當時一些留學生也實在他之上。胡適對西學的態度可以說是「弱水三千，我只取一瓢飲」。他服膺杜威的實驗主義就主要是在方法論的層面。余先生說，正因為胡適沒有深入西學，「他才沒有滅頂在西學的大海之中」。這是見道之解。[1]

本世紀初以來，中國讀書人在引進西說之時，就常常容易先接受其新概念新名詞，而不甚注意西人學說中內在的「條理」和「頭緒」。林紓在1919年給蔡元培的信中就曾攻擊新文學是「學不新，而唯詞之新」。到次年九月，胡適在北大的開學演講《普及與提高》中，也說新文化運動已成「新名詞運動」。陳獨秀在年底的《新青年》上寫了一篇《提高與普及》的短文，同樣以為北大學生「沒有基礎學又不能讀西文書，仍舊拿中國舊哲學舊文學中混亂的思想，來高談哲學文學。」用中國「舊思想」談西方「新學問」，正是名副其實的「新名詞運動」。對此胡適一直十分重視。他在20世紀三十年代寫自述時，仍強調他比許多人高明處正在跳出了西學「新名詞」的框框。[2]

今日中國學者對西學也有只取一瓢飲且所知頗深者，但仍跳不出西方「新名詞」的框框，離了這些新名詞便無以言學問。更多的人則是迷失在五花八門的西方理論之中而不能自拔。實際上，對西學要能入能出、有取有舍，必須中學有相當的根基。[3]若無此根基，則「取

1　參見余英時：《中國近代思想史上的胡適》及《〈中國哲學史大綱〉與史學革命》，均收在胡頌平編：《胡適之先生年譜長編初稿》，臺北：聯經出版公司，1990年修訂版，第1冊，1-74頁。

2　參見羅志田：《再造文明之夢——胡適傳》，成都：四川人民出版社，1995年，192頁。

3　參見余英時：《怎樣讀中國書》，收在其《錢穆與中國文化》，上海：上海遠東出版社，1994年，305-315頁。

一瓢飲」也好，一頭栽進去想在「游泳中學會游泳」也好，多半都只會達到一個「邯鄲學步，反失其故」的結局，其運用起西學方法來，倘用一個不太雅馴的詞來界說，通常也不過是「始亂終棄」而已。

認真的而不是術語標籤的借鑑，卻是非常必要的。過去西方比較流行大的結構解釋體系，我們也傾向於接收這方面的西學方法，但還需要一個能真正消化（而不是隨口說出一些條條款款）的過程。對具體的史學研究來說，近年西方從「濃密描述」到「濃密閱讀」的方法，[4]更重視「人」本身（特別是過去重視得不夠的下層小人物），大概有意無意間都有糾正年鑑學派過去重不變的大結構而輕視「人」的傾向。兩者都很值得我們借鑑。特別在文獻不多（包括與所研究的題目相關的文獻不足這種情況）時，如果以濃密閱讀方式去解讀不多的文獻，由滴水而見太陽，見微知著也並非不可為。引進西學是必須專門討論的題目，非本文所能為。但西方史學的演化提示著我們的新史學恐怕應該在重視人的基礎上考察分析大的結構，兼顧歷史上的變與不變，特別是看上去平穩停滯時期變化的一面和革命劇變時期不變的一面。

同時，開放型的新史學，不可能不是跨學科的史學。不過，除了集體協作外，實施跨學科研究的前提是研究者受過系統的多學科訓練，沒有這樣的訓練實際上是跨不過去的。例如以心理分析的方法治

4　關於「濃密描述」，參見Clifford Geertz, "Thick Description: Toward an Interpretive Theory of Culture," in idem, *The Interpretation of Cultures*, New York: BasicBooks, 1973，pp.3-30（有中譯，載《文化：世界與中國》集刊第一輯，北京：三聯書店，1987年，261-298頁）；「濃密閱讀」（thick reading）是王汎森先生總結的意大利史家金茲伯格（Carlo Ginzberg）的微觀史學方法，意謂對有限的文獻作極為集中、精微的閱讀以進入昔人的世界。參見金氏的 *Clues, Myths, and the Historical Method*, Baltimore: The Johns Hopkins University Press, 1992, 及王汎森為該書寫的書評，載《新史學》（臺北），6卷3期（1995年9月），217-228頁。

思想史，不僅有幫助，簡直可以說是必須；這在西方曾熱過一段時期，唯成功之例不多，主要就是因為受到兩方面系統訓練的人太少。沒有多學科的訓練而貿然嘗試跨學科研究，多半仍是始亂終棄。倒不如先站穩史學的腳跟，再圖發展。法國史家勒華拉杜裏在其名著《蒙塔尤》中，以人類學田野調查的方法處理宗教審訊資料，相當成功。一般均注意他變而後大的創新一面，忽略了他堅實的史學功底，其實後者才是跨學科的基礎。在站穩史學腳跟的基礎上，對其它學科要虛心而不謙讓。虛心是用字的本意，約近於西人所說的心懷開放（open mind）；不謙讓是首先要學，學了就要能用。但這只能是日後努力的目標了。

根據我們現存的史學研究人員及目前大學的本科和研究生教育水準看，系統的史學訓練都還不能說已經達到充分的程度，遑論第二或第三學科。在力所不能及時，切勿輕言（更不能輕易實行）跨出史學的範圍。以今日的實際情形論，恐怕第一步還是限制在歷史學科的大範圍內，儘量跨越如思想史、社會史、政治史、軍事史、外交史等所謂二級子學科的藩籬，以拓寬視野。其實，就是在史學的範圍內，跨學科的研究也大有可為。例如社會變遷與思想衍化的互動，就是一個值得注意也可能有較大發展的方向。思想史和社會史都是國內近年史學的熱點，論文和專著較多，國外也早已注重思想史的社會學研究，但將社會史和思想史結合起來進行研究者尚少，專從兩者的互動關係入手來分析探討相關課題者國內外都稀見。兩方面大體的方法是相近的，容易相通；但各自的關懷與側重又頗不相同，能夠相互啟發。例如，對同一時段的歷史的分期，思想史、社會史、政治史因側重各異，恐怕都不相同，如果換個視角看問題，理解必更深入，新見也就出來了。

以上所述，只是對開放型新史學的一些簡單構想，本文想要認真

探討的，則是史學研究中一些方法論的具體層面。大致說來，具體研究的題目可專，眼界一定要通。首先是要有通識，凡事能見其大。孟子說：「觀水有術，必觀其瀾」；蒙文通先生據此提出讀史也必須能把握歷史變化的大轉折處。反之，如果沒有通識。就容易忽略事物延續不變的一面。眼界通而後可從上下左右各側面去觀察分析具體的事物和問題，也只有這樣才能見到其言外之意，看出每一具體「事件」背後隱伏的當事者的時代關懷，及其蘊涵的更廣遠的文化意義，包括動態的時代潮流風尚之演變（變自何來及往何處去）和變化不大的靜態文化結構。[5]

　　過去的研究較偏重於昔人有形的言說。其實，如果能換個視角，細心體察古人的言外之意，或可產生進一步的理解的同情。這是因為立說者的初衷與讀者的接收未必總是一致的。《易・繫辭》上說：「書不盡言，言不盡意。」故讀者宜像錢穆先生所說的那樣，「在其不盡意的言中，來求其所代表之意，乃及其言外不盡之意。」錢先生並闡發公孫龍「物莫非指，而指非指」的意思說：「人心意所指，則各各相別。此人所指，未必即彼人之所指。此刻所指，未必即彼刻之所指。」[6]立說者與讀者的心路所在時空接近，即此人此刻所指與彼人彼刻所指接近時，說者的意圖就較易為讀者所領會，才有可能形成今人所說的思想言說（discourse）。反之，若收發者心態不是同時，或視點不相接近，則說者自說自話，聽者各取所愛，就發展成有心栽花花不開，有時甚至是無心插柳柳成蔭的情景。

　　胡適就是一個顯例。他自己曾歎謂許多他細心用力的文章不為世人所注意，而隨意為之的作品常多得喝彩。可是胡適一生講話寫文章

5　參見蒙文通：《治學雜語》，收入蒙默編：《蒙文通學記》，1頁；杜正勝：《什麼是新社會史》，《新史學》，3卷4期（1992年12月），95-116頁。

6　錢穆：《中國思想史》，香港：新亞書院，1962年，32-33頁。

都有意要清楚淺顯，也以此著稱於世。這位最希望為人理解的思想家何以會為人所誤解呢？這部分是因為胡適處在一個新舊中西雜處交錯的時代，他自己也是一個由傳統的士蛻變出的第一代現代知識分子。而胡適又如周明之先生所說，慣於「在不同的場合，對不同的聽眾，說不同的話。」[7]所以，他論學論政的文章講話，是在對中外老少新舊各種人「說法」，但別人卻未必知道他具體的言論是對哪一具體的聽眾說法。終於發展成有心栽花花不開，無心插柳柳成蔭的情景，未能形成今人所謂的思想論說。

　　今日若要研究胡適的時代，自然要多注意那些得到喝彩的文章；如果要理解胡適本人，則不得不去揣摩那些用了心力卻為人冷落的篇章。而且，這兩者本是互補的。只有在理解了胡適本人及其不為世所注意的一面，明瞭其為世所知和不為世所知的諸多原因，才能更深入地理解胡適那個時代；同時，也只有在盡可能深入地理解了胡適所處時代之後，才能進一步領會胡適身處特定時代那「不得不如是之苦心孤旨」（陳寅恪語），以期「還他一個本來面目」（胡適語）。這中間文本（胡適自己）和語境（胡適所處時代）的微妙互動關係，正是史家尚大有可為之處。

　　如果同時代人之間的交流尚且可能因思想不同時空而隔膜，後來的研究者就要更加小心，才不致走上歧路。杜甫嘗歎謂「文章千古事，得失寸心知。」千古寸心，知音者難覓可以想見。但從積極一端看去，則千古後亦可知前人，終非不可為。孟子論怎樣理解昔人的詩說：要「不以文害辭，不以辭害志；以意逆志，是謂得之。」（《孟子・萬章上》）朱熹明確指出：「此是教人讀書之法」。他解釋說：

7　周明之：《胡適與中國現代知識分子的選擇・中譯自序》，中譯本，成都：四川人民出版社，1991年，3頁。

「文，字也；辭，語也；逆，迎也。」這裏的「文」，大約指表達出
的文字部分，「辭」可以理解為怎樣表達，「志」就是詩的作者（不必
是一個人）之所欲言，即朱熹所謂的「設辭之志」；[8]「設辭」者，也
就是作者在特定時刻的心意所指。在孟子看來，立說者所欲言的
「志」，其重要性是遠在「文」和「辭」之上的。

這是因為，由於時代的場合情景、思想規範以及立說者的意圖之
不同，同樣的詞語所表達的意思可能有很大的不同。美國學者李文森
曾指出張之洞在清季維新時期講「中學為體，西學為用」，側重的是
後者。到民國年間梁啟超重彈此調時，強調的已是前者了。[9]李氏的
錯誤在於他未搞清楚梁啟超講中體西用（雖然用詞略不同）實早於張
之洞。但即使將張之洞換成梁啟超，其前後側重的不同仍是成立的。
若不細心揣度，輕易將二者混為一談，不啻南轅北轍。

反過來，前人同樣的文字思想，後來的讀者見仁見智，認知可能
相去甚遠。錢穆在孫中山的三民主義裏看到了對民族文化的傳承（孫
確實自稱他上承堯舜以來的道統），唐德剛先生看到的則是其「思想
作風比我們一般中國知識分子要『現代』〔這裏的現代當然是與西方
掛鉤的〕得不知多少倍！」；[10]傅斯年又另有所見，他認為孫中山有許
多比新文化人「陳舊」得多的「腐敗」思想，「但他在安身立命處卻
完全沒有中國傳統的壞習氣，完全是一個新人物〔這裏的壞傳統和
新，其立意仍是中西之分〕。」[11]這固然說明孫中山的博大，而且很可

8　朱熹：《朱子語類・〈孟子〉八》，王星賢點校，北京：中華書局，1986年，第4冊，
　　1359頁；《四書章句集注・孟子》本條。

9　參見 Joseph R. Levenson, *Liang Ch'i-ch'ao and the Mind of Modern China*, 2nd ed.,
　　Berkeley: The University of California Press, 1967, pp. 6-9。此書成都：四川人民出版
　　社1986年有一不甚準確的中譯本，有關內容在其12-15頁。

10　錢穆：《中國思想史》，166-178頁；唐德剛譯注：《胡適口述自傳》，77頁注4。

11　《胡適的日記（手稿本）》，第8冊，1929年4月27日（本書無頁）。

能三位先生都摸到了孫這個「大象」的一個重要部分。但觀孫本人常用林肯的「民有、民治、民享」來概括其三民主義，即可見其思想淵源之一斑，或者傅斯年所見更接近真實，孫的思想裏當然有中國傳統的成分，但絕不會有錢先生希望的那樣多；而其思想作風的「現代」恐怕也遠不及唐先生所認知的程度。但這裏我所特別感興趣的，是錢、唐二位都把其所認知的孫中山作為他能夠為中國民眾所接受的基本原因。實際上，這提示著他們關於近代「中國」的認知已經是不同的；而且豈止不同，簡直是相反。

　　「天演」觀念在近代中國的傳播，很能從傳播與收受的雙向角度提示同樣的詞語可以在多大程度上表達出很不相同的意思。從《天演論》中化約出的那幾句簡單口號，無疑是當時思想論說中的關鍵字（keywords），但近代中國人都使用「天演」觀念進行思想對話時，實際上彼此所說所指，卻又未必一致。首先，嚴復在將赫胥黎的《進化論與倫理學》譯述成《天演論》時，已對原著進行了刪節，赫胥黎主張以人倫準則約束人的自然發展這一重要觀念就已被嚴復大量刪去。後來吳汝綸又有一個節本，刪削之時，不免又有見仁見智的取捨。對不同層次的讀者來說，同一本書或同一個詞的意義本已可以很不一樣，何況許多人讀到的，還未必是同樣的本子。而更有不少人還是通過「耳學」的途徑知道「天演」觀念的。從嚴格的意義上說，讀不同本子的讀者（或聽眾）所得的「天演」觀念肯定是不甚一樣的。

　　且讀者聽眾大抵是各取所需。梁啟超曾說嚴譯諸書「半屬舊籍，去時勢頗遠」，並暗示這是晚清西學運動不能成功的原因之一。[12]這後半截姑不論。但一般人所關懷的，恰是「時勢」；他們從嚴譯之書中想要看到的，也正是與時勢不遠者。孔子說，我欲仁而斯仁至。從接

---

12 梁啟超：《清代學術概論》，本文所用為朱維錚校注：《梁啟超論清學史二種》本，
　　上海：復旦大學出版社，1985年，80頁。

受者一邊看，不論嚴復所譯為新籍舊籍，大多數人所想看——因而也實際接收到的——只是對「時勢」的解釋而已。故最大多數的追隨者——包括讀者和根本未讀的聽眾——真正共同接受的，實只剩那幾句化約到最簡單的口號了。這樣，從「天演」觀念的實際立說者嚴復到廣大的接收者，不約而同地都側重於「優勝劣敗」那「爭」的一面，與赫胥黎的原意已大不一樣了。反之，由於傳播出的「天演」觀念本不甚一樣，對近代中國具體的個人來說，即使處於同一時代，所抱的關懷相近，且彼此正在進行思想交換，同樣的詞仍可能未必完全同義。後來治思想史者，如果看到「天演」二字就一概而論，仍有可能誤入歧途。[13]

這就牽涉到一個更根本的問題。孟子（以及杜甫）所主張的取向背後實隱伏著一個大的判斷：古今之人的共性超過了其個性。換言之，古今人之間存在著一種「人同此心，心同此理」的共鳴。然而，人類或古今人的共性在多大程度上超過了其個性，才是問題的關鍵所在。從今日文化人類學的視角看，每一縱橫「文化」之個性的重要恐怕不讓人類於古今人的共性。這個大問題當然不是這裏討論得清楚的。但是，以今日之寸心而欲「知」千古之舊事，這個尺度是極難把握而又不能不把握的。

英國史家柯林武德嘗言，史家觀物，不應僅觀其表面，而是要看進去，去洞察其內在的思想。要做到這一點，唯一的方法是在自己的心裏以當時人的規範習俗和道德觀念將此事批判地再思一遍。所謂批判地再思，即力圖減少研究者個人取捨的傾向性。[14]只有儘量排除個

---

13 例如，胡適的「天演」觀念與嚴復的和梁啟超的都不甚一樣，他自己對此的看法前後也不一樣。參見羅志田：《再造文明之夢——胡適傳》，68、117、129、133-134頁。

14 參見柯林武德：《歷史的觀念》，何兆武、張文傑譯，北京：中國社會科學出版社，1986年，242-250頁。

人傾向之後，始能如魯迅在本世紀初就提出的，「自設為古之一人，返其舊心，不思近世，平意求索，與之批評，則所論始云不妄。」[15]

關於這一點，陳寅恪先生論之甚詳。他提出，要「與立說之古人，處於同一境界，而對於其持論所以不得不如是之苦心孤詣，表一種之同情」。且必具此「瞭解之同情，方可下筆」。但陳先生也指出，「此種同情之態度，最易流於穿鑿附會」。[16]的確，孟子提倡的以意逆志，須以己意逆他人之志，實際上就是以今人之心度昔人之腹，許多東西全靠每一研究者自己去體會。朱熹說：「逆是前去追迎之意」。以意逆志就是「將自家意思去前面等候詩人之志來」，也就是「自家虛心在這裏，看他書道理如何來，自家便迎接將來」，這樣才能「自然相合」。他反覆強調，絕不能「將〔己〕意去捉〔彼〕志」。在「朝聞道，夕死可也」的時代，讀書就是為了見道，當然可以虛心（這是本意）在那裏等著與古人之志「自然相合」，不必急於旦夕。但實際上，朱熹指出，在他那時，讀書人已多是去「捉」志而不是「逆」志。[17]在今日做學問講究「早出成果、多出成果」的時代，課題要有資助才顯水準（且資助的級別與課題的「水準」成正比）；然而既有資助，就有完成的時限，實不允許虛心等候。在這種急功近利的語境下，被迫而去「捉」志的恐怕就更不在少數了。

「捉」志的傾向太甚，有時就容易不知不覺中將今人之所欲加之於昔人，也就是朱子所說的後人自己「先立說，拿古人意來湊」。以孟子討論的《詩經》而論，古人歌詩，當然有許多是在特定場合為特定的目的而歌。但有時說不定也就像人急呼天或《三國演義》中諸葛

---

15 魯迅：《科學史教篇》，《魯迅全集》（1），26頁。

16 陳寅恪：《馮友蘭〈中國哲學史〉上冊審查報告》，《金明館叢稿二編》，上海：上海古籍出版社，1980年，247頁。說詳本書《陳寅恪的史料解讀與史學表述臆解》。

17 朱熹：《朱子語類·〈孟子〉八》，王星賢點校，第4冊，1359頁。

亮教那些推木牛流馬（據說就是獨輪車，即今四川鄉下人謂之雞公車者也）的軍士唱歌以忘掉疲勞一樣，或不過有所宣洩，或即取其節奏感，原也沒有什麼有意的直接目的。西諺云：有三人見小山上一人漫步，乃推測其緣何上山。甲說其丟了羊，乙說其找朋友，丙說其乘涼；各說出一個為什麼，爭執不能下，遂一起上山問漫步者。答曰：就是走走，不為什麼。蓋本無問題，何需答案？這個故事或者玄學味道太重，但歷史上發生的不少事的確可能真的本不為什麼，如果一定「捉」出一個為什麼來「湊」上去，不僅誣古人，而且誤今人。

實際上，何謂逆，何謂捉，這個尺度也是極難把握的，本無一個可以量化的有形標準。當代史家杜正勝先生在評論錢穆的「會通」史法時指出：「任何有實際研究經驗的雖然都不否認『心通其意』的重要性，雖然都相信史識是衡量史家高下及作品優劣的重要憑藉，」但這種「冥心會通」的方法總不那麼「有跡可尋」。結果，「學者只能憑其用心與體會，缺少可以依傍的進階，則難以師法。」[18]從這一視角看，整個以意逆志取向頗類中醫的把脈，醫者慢慢雖能體會出差異，多少還是有點不可言傳，且對錯高下當時極難看出（要用藥後方可知，錯則晚矣），不像西醫有許多檢測手段可以輔助醫生診斷，同時也可限制醫生不亂下判斷。

不僅中醫，中國傳統的書畫、作文方法也無不如此。大致都如桐城文派所總結的：「有所法而後能，有所變而後大。」起初都有一個臨摹的過程，正俗話所說的「依樣畫葫蘆」。而臨摹講究的也不僅是形似，而且要神似。這裏當然不能說無跡可尋，也不能說不是依傍的進階；實際上，這幾乎是古人師法一切學問工藝的不二法門。但在此

18 杜正勝：《錢賓四與二十世紀中國古代史學》，《當代》（臺北），第111期（1995年7月1日），76、81頁。

臨摹效法的過程中，所憑藉的主要仍是學藝者的逐漸「體會」。若假以時日，體會多了，就如朱熹所說：「至於用力之久，而一旦豁然貫通，則表裏精粗無不到了。」這就是因會而通之路了。通後更要變，創出自己的特色，然後可以名家。但是，這裏言傳的指謂，仍只能靠意會；其間可尋之跡，也還是若隱若顯。無怪乎近人要說中國文化模糊籠統了。

其實古人對此也不是無所覺。今文經學家好發掘微言大意，可以說是得了孟子以意逆志的真傳，但有時確不免穿鑿附會。號稱文起八代之衰的韓愈，自認（也時常被認為是）直接傳承了孟子的道統。不過，他也明確主張讀書必先識字（後世考據學自詡上承漢學，韓愈亦當有承先啟後之功），惟此恰與孟子說詩之法相背。後來清儒的考據乃一反孟子的取向，正是由文及辭，由辭及志，試圖由訓詁見道，也無非想糾正過去對微言大意的穿鑿附會。但大多數考據者或矯枉過正，或識見不足，通常只停留在手段的層次，並未達到對昔人之「志」具瞭解之同情，能訓詁名物卻未必能見道，也是事實。從清季到民初，諸子學、佛學先後興起，西學亦復東漸，經今古文和漢宋學的樊籬漸破，使中國考據學或以考據為基礎的史學出現由懷疑到同情的取向轉變，對昔人的理解在許多方面轉勝前人，這只能另文探討了。

在某種程度上，對昔人的理解和同情之所以會成為民國史學的一個重要出發點，正是因為在實踐的層面，對昔人的難以理解已成為時人面臨的一個顯著問題。近代以來，不少士人的確有中國文化或模糊或籠統的看法。中國文化本是一個邊緣無限開放的體系，且詳近略遠，重中央輕邊緣。凡事涉及邊緣部分，都是「理想型」（ideal type）與實際並存，不可全從字面意義視之。換言之，邊緣是實際與想像的交會處。實際的認知愈廣遠，邊緣即愈往外延伸，但仍允許有一更外的想像部分存在。想像與實際並存的邊緣既然具較大的伸縮

性，因而也就蘊涵了開放的可能性。古人地理上的「四海之外」，雖然實際上可以說全然不知，仍許其存在，為其預留一席之地，即所謂「六合之外，聖人存而不論」(《莊子·齊物論》)之意乎？故中國人即使在「定於一尊」之時，一般也都還網開一面，留有迴旋餘地，體現了胸懷開放的包容性。

中西文化的一個大區別，即西人的觀念通常都講究界定清晰嚴密，而中國的傳統觀念往往如上述：中心或主體基本穩定，但邊緣卻伸縮波動，變多於定。近代以還，西學在中國成為顯學，士人受西人界定嚴格風氣的影響，逐漸傾向於以說一不二的方式詮釋傳統，結果反而常常不能得其全貌。以今日流行的源於西方的眼光來看，中國傳統觀念多半是語義含混、概念不清。客氣些的，則據今日模糊數學的觀念說中國文化模糊；不那麼客氣的，乾脆說「籠統」是中國的「公毒」，必去之而中國始可復興。[19]其實，對古代中國人來說，外緣的伸縮波動並不影響中心的基本穩定。在特定時期的具體語境內，彼時的中國人正是以這樣的方式來觀察、認識和解釋他們的世界。立說者據此以指陳和詮釋其所處時代的世事固然得心應手，讀者聽眾對他們的表述也大多能心領神會。

傳統一斷（未必全斷），意思就不那麼容易理解了。蓋中國文化雖然重中央輕邊緣，具體表述的時候卻有相反的趨勢，常常是在略的一面著手。如古代中國人的天下觀念，基本是以中央和四方構成。蒙文通先生指出，上古各文化族群，皆視其本族所居之地為中央。中央

---

19 參見季羨林：《漫談中西文化》，《中華文化論壇》，1994年1期；黃遠庸：《國民之公毒》，《遠生遺著》，臺北：文海出版公司重印1938年上海版，120頁。應該指出，季、黃二氏所見雖略同，其立說意圖卻各異。黃氏那時是要破舊立新，破的就是「籠統」的中國文化。季先生則是要為中國文化張目，蓋「模糊」已因「模糊數學」的興起而趨時髦，變成一個褒義詞了。本段並參見葛佳淵、羅厚立：《「取法乎上」與「上下左右讀書」》，《讀書》，1995年6期。

既然不同，四方也自然各異。可以說彼時各文化族群所認知的「天下」，其實也是很不一樣的。一旦各族群的聚居地大致確定，即如柳詒徵先生所言，「必駢舉東西南朔所屆，以示政權之早歸於一。」[20]蓋殷周政制，中央四方的關係大體是由中央向周邊無限放射的理想型，與當時人的地理認知略同。故只要舉出四方，中央自在，正淮南子所謂「經營四隅，還反於樞」（《原道訓》），「天下」的概念不論在地理上政治上都已可算完整。這頗類傳統繪畫的烘雲托月法，意重在月而畫面多見雲。在此傳統之中，自易領會；一出此傳統，就難說了。

但近代士人以為中國文化模糊籠統的看法，多少也提示著一種古今之隔。這樣的時代隔閡，當然非中國文化所獨有，而是中外皆然。仍以孟子討論的古人歌詩而論，一方面，古代歌詩之人所歌的內容無意中或者提示了歌者的心態甚而至於他們所處時代的精神，是後世治史者的良好材料。另一方面，歌者在歌詩之時當下的意圖，其意識與無意識的層面，也都是不容後世治史者忽略的。故「以今證古」這一取向雖然可行，但也必須儘量避免簡單地以今人之心度昔人之腹。孟子自己提出的方法是「知人論世」。他說，要真正瞭解古人到可以交朋友的程度，不僅要「頌其詩，讀其書」，更要「知其人」，而「知人」的方式就是「論其世」。（《孟子・萬章下》）如何去「知人論世」呢？其一個方法，就是近年重新得到提倡的上下左右讀書之法了。

清人汪中便主張讀書當「鉤深致隱」，要能「於空曲交會之際以求其不可知之事」。近人歐陽竟無讀佛教俱舍，三年而不能通。後得沈曾植指點，尋找俱舍前後左右之書讀之，三月乃燦然明俱舍之意。蒙文通先生嘗以此為例，強調讀書當「自前後左右之書比較研讀，則

---

20 說詳蒙文通：《略論〈山海經〉的寫作時代與產生地域》，《古學甄微》（《蒙文通文集》第1卷），35-66頁；柳詒徵：《國史要義》，上海：中華書局，1946年，52頁。

異同自見，大義頓顯。」蒙先生自己治學就循此取向，故多創獲。由縱的一面言，他主張治史要有通識：蓋「史者，非徒識廢興，觀成敗之往跡也。又將以名古今之變易，稽發展之程序；不明乎此，則執一道以為言，拘於古以衡今，宥於今以衡古，均之惑也。」故「知古」與「知今」實互相關聯，應做到「言古必及今」，而「言今必自古」。總之，「必須通觀，才能看得清歷史脈絡。」從橫的方面言，蒙先生一向主張中國歷代「哲學發達之際，則史著日精；哲學亡而史亦廢。」他在論唐代古文運動之興時指出：「事不孤起，必有其鄰」，同一時代之事，必有其「一貫而不可分離者」。所以，「有天寶、大歷以來之新經學、新史學、新哲學，而後有此新文學（古文）。」[21]今日則拘古衡今已不多，蓋知古者已少；而宥今以衡昔者實眾。而觀史僅見其孤立之事，不能四觀其鄰，確是今日史學界的一弊。

　　與昔人會通及上下左右讀書的方法這兩者本是相通的，文化不「模糊」的西人其實也早就在提倡。從佛洛德到拉康，都十分注意由（可能是無意的）語言表述去深入分析人的意識與潛意識。西人近年更將上下左右讀書方法發展為各種系統的理論，專講文本（text，人也可以視為文本）和語境（context）的互動關係。[22]前後左右之書即在一定程度上構成語境；語境一明，文本的理解就容易得多了。我們當然不能套用晚清人的西學東來說，將今日西人擅長的「文本」與「語境」說上溯到孟子身上去，但兩者間確有相通之處是無疑的（實際上，倘無相通處，便難借鑑；越是相通，越易採納）。

---

21 參見蒙文通：《治學雜語》，3、6頁；《中國史學史》，《經史抉原》（《蒙文通文集》第3卷），254-255、222頁；《評〈學史散篇〉》，《經史抉原》，403頁。

22 這方面理論甚多，但從史學的角度講得最好的，大概還是劍橋大學的Quentin Skinner。其主要論述均收在James Tully, ed., *Meaning and Context: Quentin Skinner and his Critics*, Princeton University Press, 1988.

　　清人惲敬批評漢儒說：他們「過於尊聖賢而疏於察凡庶，敢於從古昔而怯於赴時勢，篤於信專門而薄於考通方，」結果其所立之說「推之一家而通，推之眾家而不必通；推之一經而通，推之眾經而不必通」，實未必理解聖賢真意。[23]惲氏這番話自有其特定的立場，我們可以不置論。但他在這裏提出的察凡庶、赴時勢、考通方這幾種取向，都是今日治史學者所宜參考。主張取法乎上的中國文化的精英意識一向甚重，但同時聖賢之道又無不融匯於人生日用之中，所以乾嘉之時的惲敬已能注意到察凡庶可以知聖賢的路徑，這與本世紀下半葉西方興起的自下而上的「新史學」（history from below）的取向暗合。而惲敬關於立說不僅要推之一家一經而通、必須要推之眾家眾經皆通的主張，正是中國上下左右讀書法的另一表述，與西人新近的語境說亦頗相通。

　　馮友蘭先生在討論關於中國古代的「天下」究竟何所指時指出：「就〔先秦〕那個時候的人對於地理的知識說，他們的所謂『天下』其範圍不過是今日的中國，但是他們作這個命題時，他們的意義並不限於今日的中國。」[24]此話就史實言雖不十分準確，卻頗能給人以啟發。的確，我們考察古人的觀念時，不宜用後起的觀念去理解和詮釋其行為的動機、目的和方式。必須注重「他們作這個命題時」的心意所指。英國史家湯普森（E. P. Thompson）指出：工業化社會的觀念未必適用於理解更早的社會。例如「經濟」這個範疇，對十八世紀的英國，就不具有今人認知中那麼大的詮釋力量；因為生活在十八世紀的英國人的「希望和動機是不能用與該時代不相屬的經濟概念來解釋的」。[25]

23　惲敬：《三代因革論》，轉引自錢穆：《中國近三百年學術史》，臺北：商務印書館，1964年，下冊，526頁。

24　馮友蘭：《三松堂自序》，281-282頁。

25　轉引自沉漢：《愛德華·湯普遜的史學思想》，《歷史研究》，1987年6期。

　　如果以後起的觀念去詮釋昔人，有時便會出現朱子指責的「先立說，拿古人意來湊」的現象，這在宋代已有先例。宋人蔡沈對《尚書・禹貢》所說的五服制頗有所疑，他在《書集傳》中，以《禹貢》每服五百里的劃分從堯所都之冀州往四方實地硬套，覺得太不合理。因為，「冀之北境並云中、涿、易，亦恐無二千五百里；藉使有之，亦皆沙漠不毛之地。而東南財賦所出則反棄於要、荒，以地勢度之，殊未可曉。」這裏且不論《禹貢》的五服制是否存在或確切，但蔡氏以宋代經濟重心南移後之地勢反觀先秦「爾貢包茅不入」時之理想制度，實即以後人之心度千百年前先人之腹，宜乎其頗覺「未可曉」。其實，漢武帝在《封廣陵王策》中，已說「揚州保疆，三代要服，不及以政」，恰證明至少漢代人也認為（後來的）「東南財賦所出」之區正是三代的「要服」。如果蔡沈稍注意觀念制度的時代性，便不會有此難解之歎了。

　　的確，一般日常習見習知事物中，均蘊涵著特定時代的社會文化特徵。稍不注意，不但看不到昔人的時代風尚，反容易將今人之意加在古人頭上。郭沫若先生主編的《中國史稿》在討論夏代飲酒問題時說，這既說明貴族「利用剝削品去揮霍」，同時也「反映出農產量在提高，剩餘農產物是逐漸增多」。對此徐中舒先生指出：「有了剩餘農作物才釀酒，喝酒是浪費糧食，這是現代化的看法。古人並非如此。古代的糧食難以大量儲存，收穫了就要釀酒。當時是釀造酒，吃酒也吃糟，並不怎樣浪費。」很顯然，郭氏提出的兩點都不合古意。他恐怕正是先立說，然後「捉」出古人之意來湊（這雖然未必是有意為之，但卻是該書的明顯特徵，類似的例子尚不少）。[26]

---

26 參見徐中舒：《〈中國史稿〉第一冊批語》，收在其《先秦史論稿》，成都：巴蜀書社，1992年，345-374頁，引文在351頁。

　　同樣，西人有為梁漱溟先生作傳者，認為梁是中國「最後一個儒家」。但梁先生是不是儒家，已成問題，遑論是否「最後」。後來梁先生與該書的作者見面，明白告訴他這個認知是錯誤的。但該作者堅持之，並暗示他理解梁漱溟似乎還超過了梁自己。這在理論上當然也是可能的，但更須有堅強的實證。觀梁氏少不讀詩書，在讀完《三字經》後就讀新派的《地球韻言》，然後進了北京第一家新學堂──中西小學堂，其受學可說一直在「新學」的環境之中。長而先佛後儒，故其在民初中國言學術能闢一時代新視角，率先從「文化」角度論東西之異同。[27]這些都不太像一個「儒家」，最多只能算是半佛半儒。所以恐怕還是梁先生自己的認知更準確。我們不應據此就說西人讀中國書只得了皮相，這實在也因近代中國思想界流派紛雜、角色顛倒的大語境太令人迷惑了。但該作者能有此令人佩服的自信，大約正因其對「儒家」的認知與梁先生的認知實不相同，缺少那麼一點「瞭解的同情」，而這恐怕又由於他對梁之時代的「今典」注意得不夠。

　　立傳者與傳主還能見面，其時代相去也不過數十年而已，已可產生這樣代溝式的「誤會」，可知對於變動較大的時代而言，由於社會變亂頻仍，對此時代之觀念制度等，尤須從動態的層面去考察。以「後見之明」反觀前人的取向固不可取，另一種以不變之眼光看動盪之史事也不合時代的特點。先秦和近代，都是這樣一種大變動的時代，彼時有些事物並不整齊劃一，有時在文獻中出現相互矛盾的現象，但都未必就不存在。兩千多年前，好言古事的孔、孟就是採取一種知道多少講多少，並不以知道得少就不講的態度對待歷史。傅斯年先生曾說：「以不知為不有，是談史學者極大的罪惡。」他特別提倡

27　參見艾愷：《梁漱溟傳》，中譯本，長沙：湖南出版社，1992年二版，特別見348-349頁。該書的英文書名就以「最後一個儒家」開頭，這當然也是書的主題。並參見梁漱溟：《憶往談舊錄》，北京：中國文史出版社，1987年。

「於史料賦給者之外，一點不多說，史料賦給者之內，一點不少說。」[28]今日學術規範鬆弛，確宜注意不多說；但傅斯年那一代史家中許多人，恐怕有一種為了更「科學」而以「少說」代「不多說」的自律（self-censorship）。實際上，凡史料不足以肯定一事時，應該說也就不足以否定之。以事物的不整齊劃一和文獻記載中某些表面的相互矛盾而斷定古事的「不有」，對史學的傷害恐怕也未必就比「以不知為不有」更小。

其實，如果從動態（包括先後的變化和同時代人事的互動）的角度對上古不整齊劃一的文獻表述作細緻考察，反可有進一層的認識。蒙文通先生注意到，「晚周各家，言往史之跡各異。」如《山海經》對一些重要的上古傳統人物的敘述與中原文化體系就很不一樣，特別是褒貶頗有異趣。實際上，蒙先生劃分的上古三大相鄰文化體系之「書傳所陳古史」，相互矛盾衝突處都多。而「三方稱道古史不同，當即原於三方之思想各異。」因思想不同，「論為治之術亦殊。是其知識不同，而施為亦別。相互因果，故稱述各異。」[29]蒙先生一向主張同一時代的思想學術是相通的，思想流派與史學流派的研究可以互補。過去研究周秦思想，每從義理入手，言人人殊，難以依據。但許多古事卻可考定，由史事而反觀諸子之言，也可對理解各家義理有進一步的認識。這裏我特別關心的是，上古不同的「敘述」（narrative），實際上是詮釋（interpretation）。褒貶之間，親疏自見，人我之別也就得以確立，透露出上古各大相鄰族群的文化競爭與相互影響的消息。故即使是語境的既存典故部分，也還有重建的需要。

---

28 分別轉引自杜正勝：《從疑古到重建——傅斯年的史學革命》和杜維運：《傅孟真與中國新史學》，均刊《當代》（臺北），第116期（1995年12月1日），17、57頁。

29 蒙文通：《中國史學史》，241-261頁；《略論〈山海經〉的寫作時代與產生地域》，36-42頁。

　　我們如果反其舊心，從詮釋的角度去解讀古人的敘述，許多問題便更容易產生「理解的同情」了。例如文獻可徵的商周兩代的天下「共主」，其本朝自身的敘述裏恐怕就包括著相當的詮釋成分。湯、武以百里之地而使「天下為一，諸侯為臣」的情形，據荀子的描述，也就是「通達之屬，莫不振動從服以化順之。」（《荀子‧正論》）「振動從服」四字是非常形象的。可以想見，既然君臣之間並不一定要有實際的治理關係，則只要「通達之屬」的範圍內沒有明確的挑戰者，自稱「天下為一」也不是太難之事。至於不在通達之屬者，更可以存而不論。其實，天子所在的城邑與遙遠的方國的聯繫，有時可能是有過一次也許是偶然的軍事同盟，有時甚至可能雙方人員不過在相互運動中偶有接觸，便被一方解釋為另一方承認了主從關係。假如那些方國的記載流傳下來，君臣已異位的類似主從關係或者就在另一方的紀錄之中，正亦未可知。

　　由此看來，研究歷史比較穩妥的方法，也許還是在承認古今有所不同的基礎上，自設為特定時間特定地域的古人，像胡適說的那樣「真能為古人設身處境」[30]，通過人的共性，返其舊心，以意逆志，知人論世，從上下左右去知人讀書（人也是書），首先讀出昔日的上下左右來，然後從昔日的上下左右讀之，藉共性以知其個性，才約略可接近昔人的心態，以重新恢復古人立說時的場合情景，特別是思想論說的語境，重建當時人思想的規範習俗，重新發現立說者當時的各種寫作意圖（包括寫作的意圖和寫作時那一刻的意圖），才有可能領會特定人物在特定時刻的心意所指，從而真正讀懂昔人言論所蘊涵的意思，庶幾可以接近歷史的原狀。[31]

30　胡適：《藏暉室札記》，上海：商務印書館，1939年，1912年11月1日，第1冊，117頁。

31　參見前引Skinner的論述及John Dunn, "The Identity of History of Ideas," *Philosophy*, vol. 43(1968), pp. 85-104.

　　而研究者是否真正做到對昔人所言及所欲言之「志」心領神會而非臆測，很大程度上仍靠學術界與學者敬業的態度。就學術界而言，同行心目中需要有一個雖不一定可明言，但大致能會意的共同學術標準（能夠量化的所謂學術規範及在此基礎上的學術批評，雖然是必須，還只是低一級的要求，反不十分要緊；至於評定的所謂學術品級，斯更等而下之）。在個人則當如孔子所說，應「修辭立其誠」，然後可在講求學術戒律的基礎上把握尺度。這在很大程度上當然取決於治史者的學養，但仍可以而且必須落實在實證之上。

　　所以，新史學的一個重要任務，就是再次強調史學的學術戒律。近年史學界轉引史料而不注明已有成風的趨勢，以至於《近代史研究》最近不得不專門刊出一「敬告作者」說：「近來發現有的來稿引用史料錯漏不少，數十字的引文，錯漏竟達七八處之多。有的甚至連注釋也每每有誤，依其所注往往查不到相應的引文。」這樣的「史料」，可以斷定必為轉引，且很可能是第三四手的轉引。另一個不好的傾向，就是空論和新見奇論相當多，假設的大膽遠超過求證的小心。這部分也有學術雜誌的責任，絕大多數可發史學論文的雜誌對字數限制太低，通常不得超過一萬甚至八千字。這樣，除一些小考證外，稍大的題目幾乎是剛開場就收場，所論無法不空。雜誌立意在刊發盡可能多的篇數，以為近可能多的人創造升等的機會，其用心不可謂不良苦，但人情味恐怕還是應建立在敬業的基礎之上。文章的品質當然不是與字數成正比，但大致還是有個適當的比例（海外中文史學刊物，對論文的字數限制約為三萬，西文刊物的篇幅限制折合成漢字還更多）。中國史學要走向世界，有地位或希望有地位的史學刊物不可不在此方面放手改革。

　　同時，有些口吐真言式的空論新論多少也受西人影響。西人近年好說治史不可能「客觀」，任何史家必受其所在時空及心態、學養等

多方面的影響。此說自有所本，尼采關於意識即不可逃避的特定文化和語言所造成的個人不言部分的表現這一經典解釋，就直接支持了至今流行的「知識都是有偏見的」這一觀念。這個問題太深遠，非這裏說得清楚的。但即使確實如此，也提倡不得（最近頗有人為五代時身仕數朝的馮道呼籲理解，這當然是一個通人情的進步，也應該以平常心理解其行為；唯此一旦作為可以不遵從其所處時代的道義原則的根據，則下一步就不知可走多遠了）。我們今日治史，千萬不能迷信西人這一理論。

倒不如提倡孔子「知其不可而為之」的精神。余英時先生說：「正因為我們有主觀，我們讀書時才必須盡最大可能來求『客觀的瞭解』。」[32]這是見道之言。取法乎上，尚可期能得其中；有追求客觀此一念存，學人有意無意間即有所自律，即使有時興之所致，無意中不免附會穿鑿，還不致太離譜。從主動一面看，治學也如作人，總要存高遠一些的目標，努力向之趨近，庶幾不致為小見所誤導。這大概就是「人無遠慮，必有近憂」之意吧。從被動一面看，胡適曾教人以做官之法治學，以謹慎不出錯為宗旨，就是一種著眼於學術戒律的防衛性自律心態。正如軍閥殺人之後念佛，過去皆以「作偽」視之。其實，但存此殺人不對之念，殺起人來總是沒有那麼得心應手，許多從其自身利益看可殺可不殺的時候，或者會因此一念之差而多少救下幾人之命，亦是功德。關鍵在於，若不懸追求客觀這一不可及的目標，不講學術戒律者就真是如入無人之境了。

柳詒徵先生以為，只有在實證的基礎上，才能做到孔子說的「修辭立其誠」和「言有物」。柳氏實主張一種貫通今古文經學的史學方法，既要「冥與古會」，又要講求實證。前者靠的是史識，有史識然

---

32 余英時：《怎樣讀中國書》，311-312頁。

後有史解。他說：「編著新史，最重識解。治哲學史，尤貴理想。有最高之理想，始能冥與古會，如大禹之導山導水，一一得其脈絡源流。」關於後者，他以為：「持論者以能立、能破為主。而破他實易於自立。破者負而立者正。破他之詞，有古人為我依據，故易為力。立則以今情達古意，不是徒借古人以自重，而視自己之程度以為言，程度稍遜，罅漏立見。」所以，「欲求一語破的，盛水不漏，仍有待於實證。」[33]

這種打破今古文樊籬的傾向是沿中國學術統系的內在理路發展而來，清季民初時大致已成學人的共識。清末的朱一新即說：「考證須字字有來歷；議論不必如此，而仍須有根據，並非鑿空武斷以為議論也。」他認為，史識「視考證之難倍蓰」，但又為「學者必不可無」。故此他總結說：「考證須學，議論須識，合之乃善。」[34]的確，治學者很少有不承認識比學高的（前面引過杜正勝先生的話：有實際研究經驗的史學研究者都相信「史識是衡量史家高下及作品優劣的重要憑藉」），但無學之人不可以言識，更無資格言「識高於學」，應該也是不爭的。倘依柳詒徵先生所言，將「今情達古意」落在實證上，則不僅學與識可結合，其方法和高下也都「有跡可尋」了。

竊以為，新史學的治史者要立足於中國傳統，最宜身體力行孔子的三句話：首先要「修辭立其誠」；其次須「言有物」；最後則應能「辭達意」。如果更能進而做到「言能文」（取「言之不文，行之不遠」意），給讀者以美的享受，自然最好（在更高的層次言，史學不僅是「科學」，更是藝術），但可不作為必須的要求。這些話說起來似乎簡單，做到並不容易。有此基礎，則引進西學方法、跨越學科樊

---

33 柳詒徵：《評陸懋德〈周秦哲學史〉》，柳曾符、柳定生選編：《柳詒徵史學論文續集》，上海，上海古籍出版社，1991年，242頁。

34 轉引自余英時：《歷史與思想》之「自序」，臺北：聯經出版公司，1976年，2頁。

籬，都屬於桐城文派所說的「有所變而後大」，都值得提倡；也只有在此基礎之上，言引進、跨越才不至於出現邯鄲學步，反失其故的後果。當然，走向21世紀的中國史學能不能溫故出新，不是憑坐而言的構想就能說明的，必須起而行，以新的史學研究論著證明之。謹以此與同道諸君共勉。

（原刊《四川大學學報》1996年2期）

近現代中華文化思想叢刊 A0102001

近代中國史學述論　上冊

作　　者　羅志田

責任編輯　楊家瑜

發 行 人　陳滿銘

總 經 理　梁錦興

總 編 輯　陳滿銘

副總編輯　張晏瑞

編 輯 所　萬卷樓圖書股份有限公司

臺北市羅斯福路二段 41 號 6 樓之 3

電話　(02)23216565

傳真　(02)23218698

出　　版　昌明文化有限公司

桃園市龜山區中原街 32 號

電話　(02)23216565

發　　行　萬卷樓圖書股份有限公司

臺北市羅斯福路二段 41 號 6 樓之 3

電話　(02)23216565

傳真　(02)23218698

電郵　SERVICE@WANJUAN.COM.TW

如何購買本書：

1. 劃撥購書，請透過以下郵政劃撥帳號：

　　帳號：15624015

　　戶名：萬卷樓圖書股份有限公司

2. 轉帳購書，請透過以下帳戶

　　合作金庫銀行　古亭分行

　　戶名：萬卷樓圖書股份有限公司

　　帳號：0877717092596

3. 網路購書，請透過萬卷樓網站

　　網址　WWW.WANJUAN.COM.TW

大量購書，請直接聯繫我們，將有專人為您
服務。客服：(02)23216565　分機 610

如有缺頁、破損或裝訂錯誤，請寄回更換

國家圖書館出版品預行編目資料

近代中國史學述論 / 羅志田著. -- 初版. -- 桃
園市：昌明文化出版；臺北市：萬卷樓發
行, 2018.01

　冊；　公分. -- (中華文化思想叢書)

ISBN 978-986-496-097-2(上冊：平裝). --

1.史學史　2.近代史　3.中國

601.92　　　　　　　　　　　　107001268

ISBN 978-986-496-097-2

2019 年 1 月初版二刷

2018 年 1 月初版

定價：新臺幣 320 元

本著作物經廈門墨客知識產權代理有限公司代理，由北京師範大學出版社（集團）有
限公司授權萬卷樓圖書股份有限公司出版、發行中文繁體字版版權。